Escute aqui, *Satanás*!

Dados Internacionais de Catalogação na Publicação (CIP)
(Câmara Brasileira do Livro, SP, Brasil)

Annacondia, Carlos
  Escute aqui, Satanás!: o grito de guerra de um evangelista / Carlos Annacondia, Gisela Sawin; tradução Jefferson Magno Costa. — São Paulo: Editora Vida, 2000.

  Título original: *Oíme bien, Satanás!*
  ISBN 978-85-7367-428-6

  1. Annacondia, Carlos, 1944- 2. Demonologia 3. Evangelizadores — Argentina 4. Guerra Espiritual 5. Ocultismo I. Sawin, Gisela II. Título.

00-5425 CDD-235.4

Índice para catálogo sistemático:
1. Demonologia : Teologia Cristã 235.4

CARLOS ANNACONDIA

Escute aqui, *Satanás!*
o grito de guerra de um evangelista

Tradução
Jefferson Costa

Editora Vida
Rua Conde de Sarzedas, 246 — Liberdade
CEP 01512-070 — São Paulo, SP
Tel.: 0 xx 11 2618 7000
atendimento@editoravida.com.br
www.editoravida.com.br
@editora_vida /editoravida

ESCUTE AQUI, SATANÁS!
© 1997, by Carlos Annacondia
Originalmente publicado na Argentina com o título
Oíme Bien, Satanás!
Publicação com permissão contratual da
Editorial Caribe

Todos os direitos desta edição em língua portuguesa
reservados e protegidos por Editora Vida pela
Lei 9.610, de 19/02/1998.

É proibida a reprodução desta obra por quaisquer meios
(físicos, eletrônicos ou digitais), salvo em breves citações,
com indicação da fonte.

∎

Exceto em caso de indicação em contrário,
todas as citações bíblicas foram extraídas da
Edição Contemporânea de Almeida
© 1990, publicada por Editora Vida.
Todos os direitos reservados.

Todas as citações bíblicas e de terceiros foram adaptadas
segundo o Acordo Ortográfico da Língua Portuguesa,
assinado em 1990, em vigor desde janeiro de 2009.

∎

As opiniões expressas nesta obra refletem o ponto de vista
de seus autores e não são necessariamente equivalentes às
da Editora Vida ou de sua equipe editorial.

Coordenação Editorial: Reginaldo de Souza
Edição: Rosa Ferreira
Diagramação: Editae
Capa: Douglas Lucas

Os nomes das pessoas citadas na obra foram alterados nos
casos em que poderia surgir alguma situação embaraçosa.

Todos os grifos são do autor, exceto indicação em contrário.

1. edição: 2000
3. reimp.: nov. 2008
4. reimp.: fev. 2010
5. reimp.: ago. 2013
6. reimp.: maio 2017
7. reimp.: fev. 2019
8. reimp.: fev. 2020
9. reimp.: mar. 2022
10. reimp.: maio 2023

Esta obra foi composta em *Utopia*
e impressa por Promove Artes Gráficas sobre papel
Pólen Natural 70 g/m² para Editora Vida.

Agradecimentos

A Gisela Sawin, redatora destas páginas.
À Editora Vida, pela confiança dispensada.
Aos colaboradores do ministério "Mensagem de Salvação".
Aos pastores que dia após dia apoiam nossas campanhas.
Aos intercessores.
Aos que com suas ofertas apóiam nosso ministério para que continuemos a ganhar almas para Cristo.
E aos que com seus testemunhos enriqueceram as páginas deste livro.

Sumário

Prólogo..9
Introdução 13

Primeira parte
Ide e pregai

1. O chamado de Deus 19

Segunda parte
E estes sinais hão de seguir os que crerem

2. Unção no ministério 39
3. A autoridade por meio da fé 57

Terceira parte
Em meu nome expulsarão demônios

4. Demonologia I..71
5. Demonologia II...87
6. Os endemoninhados..99
7. A libertação espiritual 111
8. O perigo do ocultismo 129
9. O poder do perdão 141

Quarta parte
Falarão novas línguas

10. O batismo no Espírito Santo 153

Quinta parte
*E quando beberem alguma coisa mortífera,
não lhes fará mal algum*

11. Cobertura espiritual...175
12. Guerra espiritual I 185
13. Guerra espiritual II..199

Sexta parte
Imporão as mãos sobre enfermos e os curarão

14. O toque que cura..211
15. O mundo para Cristo 231

Conclusão: "Escute aqui, Satanás!" 241
Apêndice A: "Um exemplo a ser seguido e imitado" 243
Apêndice B: "Compaixão pelas almas atormentadas..........249
Sobre o autor 257

Prólogo

É para mim um grande privilégio poder apresentar este novo livro do evangelista Carlos Annacondia. Sendo seu compatriota, sinto-me honrado e feliz ao constatar que Carlos, com seu testemunho cristalino e poderoso, tem representado excelentemente a nós, evangélicos argentinos, em todas as partes do mundo como um íntegro embaixador de Cristo.

Desde 1983 até agora seu ministério não cessou de crescer, de se tornar eficaz para o Reino de Deus, ao ganhar almas para Cristo e mobilizar a Igreja no cumprimento da Grande Comissão.

Na década de oitenta, Deus levantou o irmão Carlos Annacondia como o porta-voz da mensagem de salvação para um povo abatido e derrotado em seu orgulho. Ele tem sido um instrumento que o Senhor escolheu para realizar um avivamento que tem incendiado toda a Argentina. Sua fidelidade, sua entrega e sua fé nos milagres e nos sinais de Deus têm levado a Igreja a despertar para a necessidade da evangelização urgente. A Igreja saiu dos templos para anunciar nas ruas o evangelho com um renovado fervor, inaugurando um novo tempo para o nosso país. Hoje, seu ministério alcança praticamente todas as nações do mundo.

Conheci o irmão Carlos Annacondia em 1983. Naquela época eu era professor de teologia no Instituto Bíblico Rio de la Plata, o seminário das Assembléias de Deus na Argentina. Por meio de meus alunos fiquei sabendo de uma campanha evangelística que estava sendo realizado na cidade de La Plata, situada a 50 quilômetros de Buenos Aires. O pregador era Carlos Annacondia. Ele havia iniciado recentemente o seu ministério e eu ainda não o conhecia. Porém, os comentários de alguns alunos sobre o que Deus estava realizando durante os cultos me chamaram a atenção. "É extraordinário o que está acontecendo. A cada noite milhares de pessoas estão aceitando a Jesus como Salvador, e o poder sobre as forças das trevas é tão grande que nos leva a permanecer até altas horas da noite orando pelo libertação de endemoninhados", diziam eles. Então imediatamente resolvi: "Preciso conhecer o trabalho desse homem".

Naquela noite fui até o local onde a campanha estava sendo realizada. O que os alunos me haviam falado foi superado por tudo o que testemunhei ali. Uma grande multidão circundava a plataforma onde havia um púlpito. Senti um clima de grande expectativa. No momento em que o culto se iniciou e o evangelista subiu à plataforma com sua Bíblia na mão e começou a falar, senti a forte unção do Espírito Santo. Quando ele convocou a todos para orar, senti que aquela não era uma oração como tantas que eu tinha ouvido. Senti nela um peso de autoridade que parecia eletrizar o ambiente. "ESCUTE AQUI, SATANÁS...", foram as palavras que marcaram o início do confronto das forças da luz com as forças das trevas.

A partir daquele momento, no poder e na autoridade do nome de Jesus, o irmão Carlos repreendeu todas as potestades e demônios que por acaso estivessem naquele lugar oprimindo ou dominando as centenas de pessoas que ali se encontravam com problemas espirituais.

O efeito daquela oração não se fez esperar. Muitas pessoas começaram a cair dando gritos, debatendo-se e apresentando outras manifestações que revelavam quem exatamente estava dominando ou influenciando a vida delas. Eram centenas! Os colaboradores do irmão Annacondia levantavam as pessoas caídas no chão e as levavam para um local especial.

A autoridade de Jesus manifestou-se naquele lugar de uma forma que eu nunca vira antes. Em seguida, veio a pregação. Após entregar a mensagem de Deus durante uns 30 minutos, o irmão Annacondia fez o apelo evangelístico com um amor que só podia vir do alto. Imediatamente dezenas de pessoas começaram a erguer os braços e a se aproximar da plataforma. Com lágrimas nos olhos pediam para ser salvas por Jesus. Saí daquele lugar profundamente impressionado e comovido em meu espírito, com uma nova visão ardendo em meu coração...

Algum tempo depois eu e o irmão Carlos nos tornamos amigos. Começamos a nos reunir todas as quintas-feiras junto com outros pastores para orar e compartilhar nossa responsabilidade pelas almas perdidas. Lembro-me de ocasiões em que colocávamos diante de nós o mapa da Argentina e pedíamos a Deus um avivamento em cada região daquele país. Eram momentos de uma experiência espiritual indescritível.

Carlos Annacondia é um homem de Deus. Seu testemunho de humildade e amor pelas almas é inegável diante de todos aqueles que o conhecem. É impossível ficar alguns momentos em companhia dele e em seguida não sair falando do poder de Deus e do seu amor pelas almas perdidas.

Este livro certamente despertará muitas pessoas a querer viver uma vida espiritual de poder, consagração e profundidade com Deus. Os sinais que Jesus garantiu que seguiriam os que crerem se tornarão realidade na vida de todos os leitores que resolverem tomar posse da autoridade que Deus já liberou para cada um deles. O irmão Carlos conhece esse assunto como poucas pessoas, por isso tem toda a autoridade para comentá-lo e ilustrá-lo com suas experiências e a de outros irmãos.

O ministério de Carlos Annacondia desafiou minha vida como pastor. Essas noites de campanha encheram o meu coração daquela atmosfera de fé, poder e milagres de Deus. Meu mais sincero desejo é que o mesmo aconteça com você. Que você possa, por meio da leitura deste livro, ser invadido pelo desejo e a determinação de se tornar uma testemunha fiel e vitoriosa de Jesus.

Com todo o meu afeto em Cristo,
Rev. Claudio J. Freidzon
Conferencista internacional
Pastor da igreja "Rei dos Reis", em Buenos Aires, Argentina

Introdução

Durante meu primeiro ano de conversão, senti um peso muito grande na minha alma. Conscientizei-me da enorme carência espiritual dos meus compatriotas. Minha oração mais profunda passou a ser pelo meu país, pois eu sabia que a Argentina estava se perdendo. A cada dia eu chorava sobre o mapa de minha nação, e colocava minhas mãos sobre cada uma de suas províncias, pedindo pelas almas perdidas daqueles lugares. Eu passava horas e horas pedindo a *Argentina para Cristo*.

Naquele tempo o Ministério Mensagem de Salvação, que hoje eu dirijo, ainda não existia, mas Deus me mostrou livros, muitos livros, e sobre a capa de cada um deles pude ver meu nome. Essa visão foi muito clara. Mas o fato é que, mesmo após Deus ter-me mostrado que eu seria autor de livros, nunca tive pressa em escrevê-los. Sempre costumo esperar que Deus dê a confirmação e o impulso final em tudo o que ele quer que eu faça. Digo a ele constantemente: "Senhor, se isto vem de ti mesmo, tu me levarás a realizá-lo". E foi desta maneira que Deus me impulsionou a escrever este livro, como tem feito com relação a cada ato de minha existência.

Quando o assunto é livros, confesso que, além do Livro dos livros, poucos realmente têm causado impacto em minha vida. Porém, nunca me esquecerei dos momentos em que li as obras de Kathryn Kuhlman, as quais relatam milagres que me faziam chorar. Toda vez que eu os lia sentia algo tão forte que dobrava os joelhos e pedia a Deus: "Senhor, quero que tu me uses como usaste esta mulher". Era esse exatamente o pedido que eu fazia a Deus. De tanto eu insistir, ele finalmente me respondeu. Hoje sinto um gozo indescritível ao ministrar a salvação aos perdidos e ao apresentar-lhes Jesus como o caminho, a verdade e a vida.

Oro humildemente pedindo a Deus que estas páginas sejam claras o suficiente para que você possa entender tudo o que desejo transmitir. E que elas produzam em você uma experiência diferente, uma marca indelével em sua vida.

Meu objetivo não é produzir mais um livro para ficar esquecido entre os muitos que enchem as estantes das bibliotecas, ou vaidosamente ver meu nome na capa de um livro. Luto sempre para não ser movido pelo desejo do sucesso e da fama. O único propósito que me levou a escrever este livro foi poder abençoar a sua vida, amigo leitor. Que você possa descobrir o alicerce dos sinais de Deus que lastriam a existência de todo aquele que nele crer. E que, ao finalizar a leitura desta obra, você possa sentir o mesmo que eu sinto pelas almas, e assim possamos nos unir em um só clamor: *Senhor, dá-nos o mundo para Cristo!*

Ide por todo o mundo, e pregai o evangelho a toda criatura.
Quem crer e for batizado será salvo,
    mas quem não crer será condenado.
E estes sinais hão de seguir os que crerem:
Em meu nome expulsarão demônios;
    falarão novas línguas;
    pegarão em serpentes;
    e quando beberem alguma coisa mortífera,
    não lhes fará mal algum;
    e porão as mãos sobre enfermos,
    e os curarão (Mc 16:15-19).

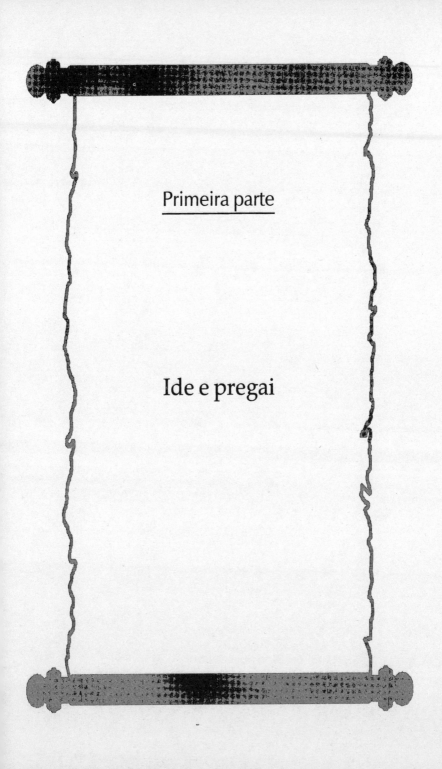

Primeira parte

Ide e pregai

Capítulo 1

O chamado de Deus

*Curas milagrosas e acontecimentos
inexplicáveis em cena*

Cinco jornalistas do jornal *O Guardião* foram testemunhas oculares, em 26 de maio de 1984, de acontecimentos cuja espetacularidade paranormal e veracidade não admitem dúvidas de nenhuma natureza. Espalhados entre as quatro mil pessoas que se reuniam em frente a um palanque erguido por uma igreja evangélica... os jornalistas viram cair, como se tivessem sido atingidas por um raio, mais de 300 pessoas após receberem um único toque das mãos do pregador Carlos Annacondia. Constatou-se que muitas dessas pessoas foram curadas...

Daqueles cinco profissionais de imprensa destacados para fazer essa cobertura jornalística, três eram católicos, um era cristão não comprometido e o último, ateu... Diante dos olhos daqueles homens acostumados a analisar fatos com o absoluto critério da imparcialidade e do raciocínio frio, passaram mulheres espumando, crianças caídas sobre a grama molhada e socorridas pelos auxiliares do pregador, mulheres ajoelhadas em pleno barro – três delas trajando luxuosos casacos de pele. Centenas de jovens, velhos e homens de condição humilde tremiam e se esforçavam para não cair. Nada do quanto relatamos é exagero...

No rosto daqueles que tinham sido "tocados" pelo evangelista Carlos Annacondia viam-se claras expressões de sofrimento, espanto ou alegria que não podiam ser fruto de dramatização ou farsa. Eram pessoas muito simples e incapazes de realizar montagens cênicas ou de receber sugestões telepáticas e responder a elas com tanta fidelidade. A cena fazia lembrar dias bíblicos, momentos do cristianismo primitivo, e jamais algo combinado antecipadamente para enganar os incautos.

Annacondia não é um hipnotizador... Ele se apresenta como um transmissor direto da Palavra de Deus, e nunca se separa de sua Bíblia. Nenhuma frase sua se afasta um milímetro sequer do evangelho... Ele diz que não cura ninguém, pois "Deus é quem cura". E as curas são numerosas. Um jornalista de *O Guardião* que sofria de uma lesão no menisco do joelho esquerdo, e há três meses não estava podendo movimentar direito a perna, deixou imediatamente de sentir dores e pôde dobrar o joelho após participar da oração em benefício dos doentes...

As quase 30 mil pessoas que assistiram àquele trabalho realizado durante vários dias, independentemente da opinião de investigadores e jornalistas, apresentam um único, concordante e compacto testemunho de que aconteceram coisas inexplicáveis mas reais durante todas aquelas noites de oração. Noites durante as quais só se falou de Cristo e de Deus, e somente deles.

Desta maneira se expressou um dos jornalistas que com sutileza se misturou à multidão para tentar encontrar uma possível fraude que explicasse tantos milagres. No entanto, pelo visto, ele não somente não achou engano algum, mas comprovou com assombro a veracidade das curas milagrosas.

Cada noite de campanha é extraordinária. Os cânticos de louvor tomam conta da multidão. As mãos levantadas revelam o desejo de adorar ao Senhor. As pessoas contam, felizes, os milagres experimentados em suas vidas. Entre as centenas de testemunhos que ouvi, um deles despertou minha atenção em especial, a ponto de me comover. Uma mulher havia experimentado um grande milagre em sua vida, e naquela noite nos contou o seguinte:

> Vivi toda a minha infância junto com meus pais e três irmãos no campo, em um lugar solitário e muito distante de qualquer cidade ou vilarejo, onde o Rio Doce se encontra com vários rios menores. Aquele lugar está localizado na divisa entre as províncias de Córdoba e Santiago do Estero.
>
> Certa tarde, após abrir um grande baú, minha mãe foi picada por uma cobra. Desesperada e sentindo uma dor fortíssima, ela caiu chorando diante de nós. Ao vê-la naquele estado, nosso pai não expressou qualquer gesto de solidariedade. Não reagiu nem mesmo diante do desespero de todos nós e dos gritos do meu irmão mais velho, que lhe implorou para que ele socorresse nossa mãe. Mas ele nos deu as costas e saiu. Pouco tempo depois nós o vimos preparar a carroça com os cavalos e ir embora, deixando minha mãe agonizando. Ficamos sozinhos com ela.
>
> Com grande esforço nós a colocamos na cama. Sabíamos que ela estava muito mal. A noite se aproximava, e temíamos que ela morresse. Então decidimos colocá-la em uma canoa e sair em busca de socorro em algum lugar. Mas, apesar de termos encontrado ajuda, ela morreu.
>
> E ali ficamos nós, quatro crianças reunidas diante do corpo de nossa querida mãe. Estávamos realmente sozinhos e abandonados. O mais novo entre nós se chamava João, e tinha tão-somente onze meses de idade. Acima dele vinha eu, com quatro anos, depois minha irmã Joana, com cinco, e por último Pedro, nosso irmão mais velho, que tinha oito anos de idade.

Usando nossas próprias mãos inexperientes, frágeis e infantis, preparamos um caixão para sepultar nossa mãe. No momento em que nos víamos assustados diante da imensa tarefa de cavar um buraco e sepultá-la em um antigo e pequeno cemitério que havia nas imediações, passou por ali um homem que morava distante de nossa casa um dia e meio de viagem a cavalo. Era o nosso vizinho mais próximo. Ele nos ajudou no sepultamento. Em seguida aquele homem foi embora sem fazer nenhum comentário. Prometeu voltar, mas nunca mais voltou. Deduzimos que se aquele homem tinha chegado até ali fora porque o nosso pai, na sua fuga, havia contado a ele o que tinha acontecido.

Assim que nos vimos sozinhos, decidimos voltar para nossa casa de adobe. E ali passamos a viver entregues à nossa própria sorte. Todas as tardes íamos ao cemitério visitar o túmulo de nossa mãe. Achávamos que, pelo fato de o corpo dela se encontrar ali, nós estávamos protegidos. Fizemos aquela visita todos os dias, durante três anos. O cemitério passara a ser parte do nosso lar. O lugar tornou-se tão familiar a nós que passamos até a brincar e a dormir entre os túmulos.

Um dia, nosso irmão mais velho fez com que todos nós jurássemos: "Quando crescermos, o primeiro de nós que tiver oportunidade matará o nosso pai".

Hoje eu entendo que Deus nos protegeu durante todo aquele tempo em que estivemos sozinhos. Comíamos peixe, preparávamos boas armadilhas para caça e dispúnhamos de árvores frutíferas, muitos patos, ovos, ovelhas e outras coisas mais. Criamos João com o leite de uma ovelha que estava amamentando os seus filhotes. Quando o animal se deitava, ele se aproximava engatinhando e mamava diretamente nas tetas da ovelha. Nosso irmão mais velho era o encarregado de prover o nosso alimento, mas todos nós trabalhávamos.

Éramos praticamente selvagens. Andávamos despidos, sujos e despenteados. O único sentimento que nos mantinha vivos era o desejo de matar nosso pai. Isso era o que nos dava forças.

Três anos após o falecimento de nossa mãe, nosso pai regressou para casa, nos amarrou e nos jogou em cima da carroça para nos levar ao povoado mais próximo. Ali ele nos presenteou a vários fazendeiros, e desta maneira nos separou, sem levar em consideração o amor que tínhamos uns pelos outros.

As pessoas que ficaram comigo tiveram que me domesticar. Ensinaram-me a trabalhar na agricultura, a fazer pão e a realizar outras tarefas. Mesmo só tendo nove anos, eu trabalhava como uma pessoa adulta. Nunca mais tornei a ver meus irmãos. Durante todo o período em que morei naquele lugar, o desejo de tornar a vê-los e o pacto de morte que eu havia realizado com eles eram as únicas coisas que continuavam dando-me forças para viver. Eu tinha de crescer para vingar minha mãe.

Quando completei 14 anos de idade, o filho daquela família violentou-me e bateu em mim ferozmente. Um dia, cansada de tudo o que ele me fazia, contei aos seus pais. Eles disseram que eu estava mentindo e me bateram tanto por eu ter contado aquilo que fiquei internada em um hospital durante três meses. Os médicos comentavam que eu não queria viver, e que esse era o principal motivo de não me recuperar tão facilmente.

A febre me consumia. Porém, certa manhã, lembrei-me do pacto que havia feito com meus irmãos, e lentamente comecei a melhorar. Quando os médicos deram minha alta do hospital, levaram-me de volta para a fazenda.

Antes de completar 17 anos, fugi de noite, escondi-me no milharal e ao amanhecer cheguei a um povoado próximo da fazenda. Fui direto para a delegacia, contei toda a minha história, mas, para minha surpresa, jogaram-me atrás das grades. À noite, dois daqueles homens também me violentaram e me bateram.

A partir daquele momento decidi que, na primeira oportunidade, eu me suicidaria. Na noite seguinte, o delegado daquele povoado quis fazer o mesmo que os dois homens haviam feito comigo, mas eu me atirei aos seus pés chorando e pedi-lhe que não me violentasse. Ele se comoveu e deixou-me em paz. Mas antes comentou que a família que me criara era muito poderosa naquela região, e que eu deveria regressar para a fazenda. Argumentei que meu pai verdadeiro também era muito conhecido e que talvez ele pudesse encontrá-lo. Se conseguisse localizá-lo, certamente meu pai lhe daria muito dinheiro. O delegado concordou, localizou meu pai e ele veio me buscar.

Naquele dia eu saí dali com meu pai. Ele me disse que nunca mais havia visto a nenhum dos meus irmãos. O fato de tê-lo encontrado me trouxe certa felicidade. Finalmente eu poderia matá-lo. Era a primeira vez que eu o encontrava frente a frente. Eu sabia manejar muito bem um facão. Cumprir o pacto feito tantos anos atrás era agora uma questão de tempo.

Meu pai se encontrava em uma situação financeira muito confortável. Tentava conversar comigo e fazer com que eu me sentisse bem. A única resposta que eu lhe dava era mostrar-lhe um facão e dizer-lhe que não dormisse desprevenido, pois qualquer noite daquelas eu o mataria.

Dia após dia, tanto no almoço como no jantar, eu me negava a sentar-me à mesa com ele. Pegava meu prato com a comida e ia para o pátio comer, usando os dedos como talher. Eu queria que meu pai visse de maneira bem clara o que ele havia feito de mim. Eu era uma espécie de bicho semi-selvagem. Algumas vezes ele chorava e me pedia perdão, mas o meu coração estava endurecido de ódio contra ele.

Um dia acordei decidida a matá-lo e peguei o facão. Sem perceber meu intento, meu pai virou as costas para mim enquanto consertava uma cerca. Mas eu não queria feri-lo de costas. Queria matá-lo de frente para ver a sua expressão de dor enquanto eu o matasse. Era tão forte o desejo de feri-lo que minha imaginação me fez acreditar que eu o havia matado. Porém, ao olhar para o facão, vi que não havia sangue nele. Então, para espanto de meu pai, eu lhe disse: "Eu quase o matei. Mas ainda não chegou sua hora. Porém, logo logo eu o matarei".

Certa tarde, enquanto eu estava comendo no pátio, ouvi um ruído muito forte de um corpo caindo no chão. Esse ruído me fez estremecer, pois percebi que a morte havia passado por ali. Ao entrar na sala vi meu pai caído no chão. Estava morto. Sofrera um ataque cardíaco fulminante. Senti-me contente, se bem que meu desejo era tê-lo matado com minhas próprias mãos.

Porém, a morte de meu pai trouxe-me um novo tormento. Agora eu estava órfã e não sabia o que fazer de minha vida. Um rapaz, conhecido de meu pai, veio ver-me e fez-me uma proposta de casamento. Eu aceitei, pois precisava de alguém que cuidasse de mim. Mas a desgraça continuou em minha vida. Esse rapaz não queria trabalhar, e me tratava como se eu fosse sua escrava.

Quando fiquei grávida, ele me levou para Buenos Aires e me deixou na casa de uma família. Tal foi o meu sofrimento que decidi jogar-me na linha do trem, mas milagrosamente o trem parou diante de mim.

Antes que meu filho nascesse, meu marido voltou para buscar-me, porém o sofrimento continuou. Fugi de novo e fui viver na cidade de Rosário. Agora eu já tinha dois filhos; o mais velho com dois anos, e o mais novo, uma menina, com um mês de idade. Foi muito difícil viver e trabalhar ali. Mas finalmente meu esposo me encontrou e passou a viver junto conosco.

Em 1985 uma vizinha falou-me sobre a campanha que o evangelista Carlos Annacondia estava realizando em Rosário. Fui assistir a um daqueles cultos e durante o apelo entreguei-me ao Senhor. Porém, não houve nenhuma mudança dentro de mim.

Com o passar dos anos uma enfermidade começou a debilitar-me. Eu sofria grandes hemorragias e minha saúde piorava cada vez mais. Em 1991 decidi procurar ajuda em uma igreja evangélica. Aquela semente plantada pelo irmão Annacondia havia germinado.

Passei a congregar ali com minha família, mas eu jamais havia perdoado àqueles que tinham causado sofrimento à minha vida no passado. Guardava ainda um imenso ódio em meu coração. Mesmo participando ativamente dos trabalhos na igreja e sendo uma obreira disciplinada, eu não perdoara ainda a todos os que me tinham feito sofrer.

Quando em 1996 anunciaram que o irmão Annacondia realizaria uma nova campanha na cidade, preparei-me para trabalhar como colaboradora. Algumas noites antes da campanha começar, pedi a Deus que fizesse de mim uma boa obreira e que, se houvesse alguma coisa em mim que ele quisesse limpar, que ele me mostrasse e a removesse do meu coração. Pedi também que ele me desse alguma notícia sobre meus dois irmãos e a oportunidade de falar com eles. Eu ouvira falar que minha irmã estava em Santa Fé, mas até ali não tinha podido encontrá-la. Orava por ela constantemente.

No dia anterior ao início da campanha, às dez da manhã, recebi uma carta de João, meu irmão mais novo. Imediatamente falei com ele por telefone, e poucos dias depois fui vê-lo em sua cidade.

Agradeci muito ao Senhor por ter-me ajudado a encontrá-lo, e pedi-lhe muitas vezes perdão por todo mal que eu mesma havia causado à minha própria vida.

Durante a campanha, enquanto o irmão Carlos Annacondia pregava sobre as barreiras que impedem o crente de receber as bênçãos, pude perdoar a todos no mais profundo do meu coração. Naquele momento vi como que anjos voando ao redor de mim, e vi a mão do Senhor remover todo ódio e ressentimento de minha vida. Gritei tanto pedindo perdão a Deus por tudo o que eu havia maquinado contra meu pai e contra meu esposo, que fiquei sem voz.

Do mais profundo de minha alma pude perdoar, e isto liberou a cura de Deus para todo o meu corpo e minha vida. Eu já conhecia o Senhor há alguns anos, mas nunca havia realmente perdoado aos que me tinham feito mal. Aquela barreira, a falta de perdão, estava impedindo que a bênção de Deus entrasse em minha vida.

O Senhor removeu o ódio que eu sentia pelos homens e em especial aquela rejeição que eu sentia por meu marido. Ele removeu a amargura do meu coração, deu-me novas forças e acima de tudo restaurou meu casamento.

Toda glória e honra sejam dadas ao meu Deus por ele ter feito o que fez em minha vida e por ter usado o seu servo como instrumento para levar-me ao conhecimento da verdade.

Carmem (42 anos), Santa Fé, Argentina.

Assim contou essa mulher o testemunho que marcou sua vida e impressionou muitas outras pessoas que a escutavam. Juntamente com o que aconteceu com ela, centenas de outros milagres também foram relatados na plataforma. Meu assombro e admiração pelo poder maravilhoso e sobrenatural de Deus continuam crescendo a cada dia.

Ao agradecer ao Senhor por aquela noite de milagres, alcancei um entendimento mais amplo dos propósitos divinos manifestados em minha vida e comprometi-me em aprofundar-me mais na obediência a seu chamado para a obra.

Até hoje não sei explicar o porquê, mas desde criança, e sem ter ainda Deus no meu coração, sempre senti que alguém superior – e a quem eu não podia ver – cuidava de mim. Em certa ocasião falei a alguns de meus amigos sobre essa sensação, mas eles não entenderam e até zombaram de mim.

Como muitos dos habitantes da Argentina, pertenço a uma família de imigrantes. Minha mãe é descendente de espanhóis, e meu pai de italianos. Fui criado conforme o estilo dessa última família. Meu avô, típico italiano, me ensinava: "O homem que chora não é homem. Se baterem em você, não venha para casa chorando; revide, defenda-se". Estes e tantos outros ensinamentos nortearam minha vida desde pequeno.

Meus pais eram muito humildes. Vivíamos naquele tempo em uma casa alugada. Éramos três irmãos: Ángel, o mais velho; eu, o do meio, e o menor, José Maria. Meu pai trabalhava na companhia de eletricidade e minha mãe cuidava de nós.

Mas tudo mudou quando meu pai adoeceu gravemente e tivemos de sair para trabalhar. Eu tinha apenas dez anos quando comecei a levantar-me cedo para trabalhar em um açougue. Mas não podia sair de casa sem antes arrumar o lugar onde havia dormido e o local onde havia tomado café. Quando voltava para casa à noite, tornava a sair para estudar em uma escola noturna. Muitas vezes, quando eu me levantava de manhã, dizia à minha mãe: "Meu estômago dói muito". Mas, na verdade, o que eu não queria mesmo era sair para trabalhar. Minha mãe me dava um chá quente e em seguida me mandava ao trabalho. Desta forma aprendi a cumprir com minhas responsabilidades e comecei a crescer.

O livro de Provérbios diz: "O que trabalha com mão enganosa empobrece, mas a mão dos diligentes enriquece" (10:4). Tudo o que eu fazia prosperava. Todos me tinham em alta estima. Mesmo durante o serviço militar obrigatório, na idade de 20 anos, meu posto de trabalho estava localizado no melhor lugar, e todos me perguntavam o que eu havia feito para estar ali. Na verdade nem eu mesmo sabia por que aquilo acontecia comigo. Davam-me as melhores tarefas, promoviam-me dentro da corporação militar e eu sempre estava nos melhores lugares.

Aos 21 anos conheci Maria, minha esposa. Naquela época ela estava com 15 anos. Meu avô sempre me dizia que eu deveria procurar uma namorada bem jovem para poder moldá-la do meu jeito. Aos 25 anos casei-me com Maria, que tinha somente 19. Naquela época iniciei junto com o meu irmão a empresa em que trabalhei até ser convocado pelo Senhor para servir em tempo integral na sua obra.

O tempo passou, e minha vida tornou-se um grande vazio. Eu sentia um profundo medo no meu coração. Minhas metas a ser alcançadas na vida eram a paz e a felicidade. Eu acreditava que poderia conquistar as duas por meio do sucesso no trabalho. Portanto, trabalhei muitíssimo, acreditando que, com a aquisição de bens e a acumulação de riquezas, eu seria finalmente feliz.

Aos 35 anos de idade consegui conquistar a posição econômica sólida que eu tanto havia desejado. Eu e meus dois irmãos éramos agora os donos da empresa mais importante do país em seu ramo. Eu podia comprar o que quisesse, dar à minha esposa Maria e aos meus quatro filhos o que eles me pedissem. Pela lógica, eu deveria ser um homem feliz.

Porém, aquele sentimento de vazio que tinha tomado conta de mim no início de minha carreira empresarial aumentou. Descobri que a felicidade não estava onde eu a havia procurado. Eu tinha me enganado terrivelmente. Cada fim de semana, quando os problemas me angustiavam, Maria e eu preparávamos as crianças e viajávamos para uma cidade turística na costa atlântica da Argentina, em busca de um pouco de tranqüilidade. Mas, quando eu regressava às minhas tarefas rotineiras, sentia-me pior. Não dormia durante a noite, pois quase sempre era atacado por uma sombra de temores, insegurança e preocupações.

Eu tinha medo da vida, tinha medo da morte, tinha medo da enfermidade, tinha medo de perder os meus bens e tinha medo de que alguma coisa trágica acontecesse aos meus filhos. Sentia-me inclusive culpado por tê-los trazido a um mundo cheio de guerras, de violência, de drogas. Havia resolvido em meu coração não ter mais nenhum filho.

Cada mês que passava, cada ano que transcorria, sentia-me pior. Eu tinha tudo para ser feliz, mas não era feliz. Perguntava a mim mesmo onde estariam a paz e a felicidade. Cheguei a pensar que isso não existia, era tão-somente ilusão.

Naquela época eu fazia parte de um grupo de empresários de prestígio. Nas reuniões eles não me apresentavam como Carlos Annacondia, e sim como o dono da maior empresa de um determinado ramo de negócios. Não lhes importava a pessoa. Eles só se interessavam pelo que eu possuía. Foi a partir daí que comecei a observar que não havia sinceridade naquele grupo, e passei a me distanciar daqueles que se diziam meus amigos.

Até aquela época eu nunca havia me preocupado com Deus, mesmo tendo sido batizado na igreja católica e tendo me casado na igreja católica. Eu cria em um Deus distante, indiferente à nossa situação aqui embaixo. Um Deus com o qual eu não podia falar, pois não sabia de que maneira ou por intermédio de quem falaria com ele.

Eu não sabia que Deus se interessava por mim e desejava ter um relacionamento pessoal comigo. Eu também não sabia que podia tornar-me seu amigo e desenvolver uma intimidade profunda com ele.

Mas um dia ouvi a pregação do evangelho, escutei um Deus que diz: "Vinde a mim todos os que estais cansados e sobrecarregados, e eu vos aliviarei" (Mt 11:28). Lembro-me de que isso aconteceu em 1979. Alguém me convidou para uma campanha evangelística na qual estaria pregando o Rev. Manuel Ruiz, que na época era embaixador do Panamá na Bolívia. Quando o pregador começou a entregar sua mensagem, percebi que o que ele estava dizendo referia-se diretamente a mim.

Lembro-me muito bem do trecho da mensagem que mais me impressionou: "Você vive cheio de insegurança, de desconfianças, de temor de cair no fracasso. Saiba que esses sentimentos estão diante dos olhos de Deus. Entregue o seu coração ao Senhor, e ele tomará conta de você, de sua família, de seus bens, de suas preocupações". Ao ouvir estas palavras, comecei a chorar sem parar, coisa que eu não fazia há muitos anos. Eu havia escutado a voz de Deus por meio de um dos seus servos. Naquele momento tive certeza de que Deus me amava, de que ele se havia lembrado de mim.

Quando o pregador perguntou quantas pessoas necessitavam de Deus, levantei a mão. Eu realmente necessitava dele de toda a minha alma. Naquele momento perguntei à minha esposa, que estava sentada ao meu lado, se ela também não queria aceitar a Jesus como Salvador. Ela respondeu: "Há muito tempo que estou esperando por isso".

Porém, ao levantar a mão, senti que ela pesava toneladas. Minha mente foi invadida por todo tipo de reflexões. O que iriam dizer meus amigos, meus parentes, os homens de negócio do clube? O que pensariam os gerentes dos bancos com os quais eu trabalhava, os chefes de compras, os empresários? Será que todas aquelas pessoas zombariam de mim por eu ter decidido aceitar Jesus em meu coração? Porém, diante de mim e de braços abertos para me receber estava Alguém que é maior do que todas aquelas pessoas juntas.

Às dez e meia daquela noite de 19 maio de 1979, Maria e eu aceitamos Jesus em nosso coração. Nunca esquecerei o momento em que saímos daquele culto. Já na rua percebi que tudo se tornara diferente. Até ali eu não havia podido comprar a paz e a felicidade com o dinheiro, nem tampouco conquistá-las com o sucesso. Mas Cristo naquela noite deu-me as duas gratuitamente, por amor. Nada em minha vida tinha produzido uma mudança tão extraordinária como aquela que experimentei no momento em que levantei a mão e confessei a Jesus como Salvador.

Deixei de fumar, de beber. Abandonei também todas as minhas dúvidas e temores. Cada dia que passava eu me sentia mais feliz. Eu era uma pessoa viciada em televisão, mas desde o dia em que conheci a Cristo esqueci-me dela. Tudo mudou.

Depois que conheci a Cristo, o Senhor nos deu mais cinco filhos, perfazendo um total de nove: o mais velho é Carlos Alberto, em seguida vem Angel, Maria Eugênia, José Maria, Rebecca, Moisés, Elias, Rute e Natanael. E o Senhor já nos deu três netos. Hoje somos realmente felizes.

Logo após nossa conversão, Maria e eu constatamos que, por termos aceitado a Cristo durante uma campanha, não dispúnhamos de uma igreja perto de nossa casa que pudéssemos freqüentar. Por isso decidimos, juntamente com outras famílias que haviam aceitado a Jesus durante a mesma campanha, formar um pequeno grupo para cultuarmos a Deus. Antes, buscamos um pastor para nos liderar. Durante aqueles primeiros tempos de nossa fé o pastor Gomelski nos ajudou a crescer. Ele nos ajudou a desenvolver a visão de ganhar almas para Cristo.

O entusiasmo que tínhamos em conquistar almas para Jesus era tão grande que, mesmo sem conhecer quase nada da Palavra de Deus, pregávamos a todas as pessoas que encontrávamos pela frente, contando a elas as nossas próprias experiências. Nossa fé era simples, sem estrutura, mas posso garantir que as pessoas se convertiam e eram curadas por Jesus. Nossa mensagem mais importante era sobre a morte expiatória de Jesus e o seu amor por todas as pessoas. Orávamos pelos enfermos crendo que eles seriam curados, e eles eram curados. Pregávamos a salvação oferecida por Jesus Cristo e não tínhamos dúvidas de que as pessoas aceitariam ao Senhor.

Quando fundamos nossa igreja em 1979, todos éramos novos convertidos. Junto conosco também haviam aceitado a Jesus vários empregados de nossa empresa, inclusive o gerente de vendas, o encarregado de departamentos e outros mais. Nenhum de nós sabia pregar, mas o Senhor nos deu um pastor para nos instruir. A igreja começou com quatro casais e seus filhos. Nós éramos ao mesmo tempo os líderes, os diáconos e os membros da igreja. Mas rapidamente Deus encheu aquele lugar.

Na mesma semana de minha conversão, fui batizado com o Espírito Santo, e falei em novas línguas. Pouco tempo depois Deus deu-me uma visão. Vi um estádio cheio de pessoas, e ali eu estava pregando em um idioma que não entendia. Daquele momento em diante comecei a sentir uma grande responsabilidade pela salvação das pessoas que não conheciam a Cristo.

Mesmo não tendo deixado ainda de todo o trabalho secular, o mais importante para mim agora não era ganhar dinheiro e sim ganhar almas para o Senhor. Contudo, essa minha nova atitude perante a vida foi muito difícil para os membros de minha família. Eles não conheciam ao Senhor e não entendiam nem aceitavam que minha vida tivesse sido entregue a Deus. Para me convencerem de que eu errara ao me tornar evangélico, falavam-me sobre os meus amigos mais inteligentes e importantes. Mas todas aquelas conversas sempre terminavam quando eu começava a falar de Jesus para eles.

Durante meus primeiros passos nos caminhos do Senhor, aconteceu algo que despertou muito minha atenção. Sempre que eu me ajoelhava para orar, Deus me mostrava dezenas de cidades, e sobre elas a palavra *emergência*. À noite, quando eu fechava os olhos para dormir, via dentro daquelas cidades os lugares onde havia marginais, crianças descalças, casas construídas com papelão e chapa de zinco.

No início eu não consegui entender o que aquilo significava, e até pensei que deveria doar meus bens para aquelas pessoas e fazer com que a minha parte na minha empresa fosse entregue aos pobres. Senti uma inquietação muito forte da parte de Deus. Tive insônia e passei dias e noites orando e chorando, vendo sempre à minha frente aquelas pessoas em uma situação miserável. Certa vez, quando eu estava orando ao Senhor sobre aquele assunto com minha esposa Maria, o Espírito Santo a tomou e me disse: "Não temas. Eu estou contigo". Mas continuei a sentir o meu coração muito inquieto.

Certa tarde falei à minha esposa:

— Vamos deixar tudo e ir para Chaco, na selva, pregar o evangelho. Você vem comigo?

Ela respondeu:

— Para onde você for eu irei.

Naquela tarde saí de minha casa disposto a presentear tudo o que tinha. A primeira coisa que fiz foi dar o meu carro novinho ao meu pai, que estava necessitando de um. Em seguida comuniquei minha decisão ao meu pastor, o irmão Gomelski. Depois de meditar sobre o assunto, ele me aconselhou:

— Carlos, você tem trabalhado duramente para obter esses bens. Você não os roubou. Portanto, use-os para Deus no momento em que Deus os solicitar.

Aquele instante foi para mim como o momento em que Abraão levantou o seu facão decidido a matar o seu filho Isaque. Quando o Senhor viu que Abraão mantinha-se firme na sua resolução de dar-lhe seu próprio filho como sacrifício, conforme ele lhe pedira, o próprio Senhor deteve a mão do patriarca.

Da mesma forma o Senhor viu que o meu tesouro não eram os bens materiais, e sim o amor que eu sentia por ele e pelas almas perdidas. Hoje, olhando tudo isso à distância, compreendo que teria sido uma precipitação de minha parte desfazer-me imediatamente de todos os meus bens, pois para muitos – e em especial, para minha família – isso teria resultado muito mais em um escândalo do que em uma bênção.

"Eu lhe darei tudo o que você me pedir"

Dois anos e meio após minha conversão, um pastor me convidou para eu pregar numa igreja muito humilde na cidade de La Plata, província de Buenos Aires. Quando considerei esse convite, senti algo especial de Deus e aceitei. A igreja era muito simples. Não tinha piso. O chão era de terra batida, coberto de recortes de jornal velho. A congregação era composta de umas 25 pessoas. Quando comecei a pregar ali naquela noite, o Espírito Santo desceu com grande poder sobre aquele lugar, e todos os que estavam ali receberam o batismo no Espírito Santo. Quando o culto terminou, a esposa do pastor aproximou-se de mim e disse: "Deus me revelou que o pregador desta noite seria aquele que traria um grande avivamento à cidade de La Plata, e o sinal que ele daria seria o derramamento de seu Espírito, levando todos aqui a receber o poder de Deus".

Apesar de haver poucas pessoas naquela reunião, achavam-se entre elas dois irmãos que congregavam em uma igreja na cidade de Berisso, localidade perto de La Plata. Eles me convidaram para eu realizar uma campanha em sua igreja. Foi desta maneira que comecei a pregar em campanhas. Pouco tempo depois, devido à grande quantidade de campanhas que estávamos realizando, achamos por bem formar o grupo de trabalho Mensagem de Salvação.

Em 12 de abril de 1982, Deus me disse com voz bastante audível: "Leia em Ezequiel 37 sobre a visão do vale de ossos secos. A partir de hoje eu darei a você tudo o você me pedir". Eu havia pedido ao Senhor "a Argentina para Cristo" e que ele manifestasse sinais em meu país para que as pessoas tomassem conhecimento do seu poder. Eu não nasci em um deserto nem em uma selva, e sim em uma cidade de vários milhões de habitantes. Porém, mesmo vivendo em um lugar tão populoso, ninguém me havia falado antes sobre Jesus.

Tomei conhecimento da existência real dele quando uma pessoa me falou sobre os milagres que estavam ocorrendo durante a campanha evangelística na qual eu me converti. Foram esses sinais que me animaram a aproximar-me do lugar e ali conhecer o Senhor. A partir dali entendi que, se na Argentina não houvesse sinais de Deus, as pessoas não creriam nele.

No evangelho vemos que os sinais não são para os crentes, e sim para os descrentes. Além do mais, em meu país as pessoas pensam que é necessário "ver para crer". Ao ler a passagem de Ezequiel, entendi que seria o sopro do Espírito que operaria os milagres no meu ministério.

> Então ele me disse: Profetiza sobre estes ossos, e dize-lhes: Ossos secos, ouvi a palavra do Senhor... Então ele me disse: Profetiza ao espírito; profetiza, ó filho do homem, e dize ao espírito: Assim diz o Senhor Deus: Vem dos quatros ventos, ó espírito, e assopra sobre estes mortos, para que vivam. Profetizei como ele me ordenara, então o espírito entrou neles e viveram, e se puseram em pé, um exército grande em extremo (Ez 37:4, 9,10).

O ministério Mensagem de Salvação começou a ser conhecido por meio dos milagres que Deus passou a realizar durante as campanhas. As pessoas atendiam em massa ao apelo para aceitar Jesus. Hoje posso assegurar que nem todas as experiências pelas quais passei após o meu chamado para o ministério foram simples para mim. Aconteceram algumas coisas na minha vida que eu não consegui compreender até hoje.

Quando recebi o batismo no Espírito Santo, aconteceu algo que despertou muito minha atenção. Os irmãos que estavam comigo naquela noite viram em mim algo especial de Deus. Durante o culto, o pastor pediu que eu o ajudasse a orar pelos enfermos. Quando comecei a orar, eles foram caindo um por um. Na verdade, as quedas não eram nada de estranho para mim. Eu havia visto as pessoas caírem durante a campanha do evangelista panamenho. Surpreendi-me, entretanto, ao constatar que aquele sinal também estava acontecendo comigo. Durante certo tempo eu até me recusei a orar pelas pessoas enquanto esperava que Deus me dissesse diretamente que ele queria me usar.

Por aqueles dias saí para comprar um automóvel. O dono do veículo me atendeu na porta de sua casa e, enquanto me mostrava o carro, algo diferente aconteceu. Dentro da casa, sua esposa e sua filha ficaram possessas. A mulher começou a quebrar todos os objetos que encontrava à sua frente. O marido entrou e tentou detê-la, mas não conseguiu. O que estava acontecendo ali era a manifestação de um espírito maligno que vinha atormentando há algum tempo aquelas mulheres. O homem me contou que ele e sua família haviam sido evangélicos, mas agora todos estavam desviados, e viviam uma vida extremamente pecaminosa.

Depois daquele episódio, compreendi que nada dependia de mim. Tinha havido uma manifestação demoníaca naquela mulher e eu sequer sabia que ela estava dentro daquela casa. O que acontecera fora algo muito além da minha própria interferência. Mas o fato é que Deus estava presente em mim. Ele queria me usar e tinha me dado algo especial para que eu o usasse aonde quer que fosse. O Espírito santo, que agora habitava dentro de mim, manifestaria o seu poder, e o diabo teria sempre que fugir. A partir daquele episódio entendi que jamais teria controle sobre a situação. Deus sempre comandaria tudo. E desta forma me rendi completamente ao seu poder e domínio.

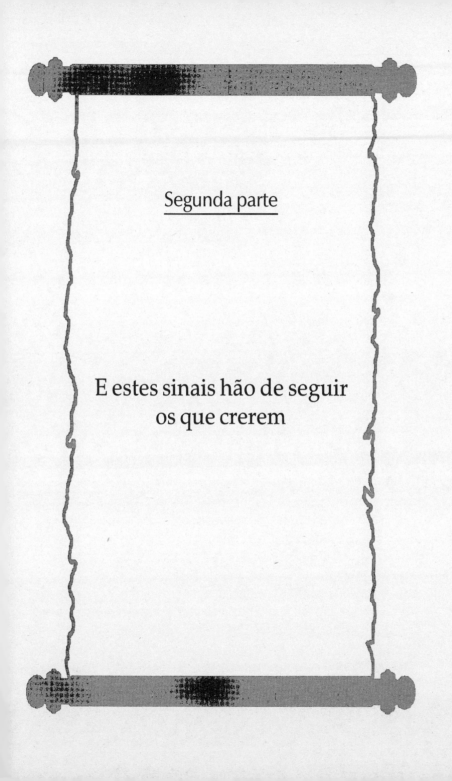

Segunda parte

E estes sinais hão de seguir os que crerem

Capítulo 2

Unção no ministério

A obra de Deus está experimentando uma fase de muita fertilidade não só na Argentina, mas também em muitos outros países da América. As pessoas estão famintas de Deus e necessitam descobrir o verdadeiro caminho. Portanto, é necessário nos prepararmos para atender às necessidades espirituais dessas pessoas. Para isto necessitamos da unção divina que alicerce o nosso ministério. Toda obra que não tem a assinatura ungida de Deus, é morta.

A unção de Deus sobre o que fazemos em sua obra deve ser reconhecida até mesmo por aqueles que não têm Cristo em suas vidas. Não importa o lugar onde estejamos: as pessoas ao nosso redor devem reconhecer algo diferente em nós. Ainda que elas não se expressem usando a mesma palavra, isto se chama *unção*. Se o mundo não vê em nós essa unção, não crerá que Deus nos enviou. A maior capacitação que o servo do Senhor pode ter vem do Espírito Santo. Sem sua atuação em nossa vida é impossível fazer a vontade de Deus neste mundo. Portanto, é necessário estarmos investidos e revestidos, é necessário estarmos permanentemente cheios e transbordantes do poder e da graça do Espírito Santo.

O caso que apresentaremos a seguir ilustra porque é necessário que os servos de Deus estejam sempre cheios de sua graça e de sua unção.

"Não tire de mim o que me foi dado"

Minha vida estava extremamente complicada. Por isso eu havia decidido suicidar-me. Após minha morte, dentro da minha bolsa encontrariam uma carta na qual eu tentava explicar minha decisão. Mas o fato é que eu não sabia que naquele mesmo dia em que eu havia decidido pôr um ponto final na minha vida, estava começando na cidade de Mar del Plata uma campanha evangelística. Eu não sabia nada sobre o evangelista Carlos Annacondia. Sequer tinha ouvido falar dele.

Naquela época eu trabalhava como chefe de pessoal em um importante hotel de Mar del Plata. Mesmo tendo uma família bem constituída, há alguns anos minha vida não passava de enfermidades e depressão. Materialmente não me faltava nada, mas algo não andava bem dentro de mim.

No dia em que eu havia decidido eliminar radicalmente toda insatisfação e angústia que existiam na minha vida, parei um pouco no meu setor de trabalho para observar pela última vez os empregados sob minhas ordens trocarem de turno. Como o hotel onde eu trabalhava estava localizado diante do mar, meu plano era caminhar para um lugar que eu já escolhera antecipadamente e de lá atirar-me para dentro das águas sem olhar para trás.

A entrada do hotel é muito bonita, com umas grandes portas de vidro e bronze. Do local onde eu estava é comum ouvir ruídos de portas sendo abertas e fechadas. Apesar de estar acostumada a todo aquele rumor, naquela tarde minha atenção foi poderosamente despertada pelo som da porta principal quando alguém entrou naquele lugar. No mesmo instante senti que alguém, com sua mão muito forte, impulsionou minhas costas, fazendo com que eu me erguesse e caminhasse na direção da pessoa que acabava de entrar no hotel. Ao me aproximar daquele homem, parei diante dele e lhe perguntei:

— O senhor por acaso conhece alguém que poderia me falar sobre Deus? Necessito de alguém que me fale sobre Deus.

Com um sorriso muito franco e um olhar muito terno, aquele homem respondeu:

— Sim, eu mesmo posso lhe falar sobre Deus. Posso lhe falar de um Cristo que ama você e pode resolver todos os seus problemas. Acima de tudo, ele é o único que pode salvar a sua alma da condenação eterna. Ele é Jesus de Nazaré.

Jamais me esquecerei dessas palavras. Naquele momento comecei a pedir perdão ao Senhor. Confessei a ele todos os meus pecados, tudo o que havia feito de mal em minha vida, inclusive os pecados que eu havia praticado durante a minha infância e adolescência. Após pedir perdão a Deus, uma luz entrou dentro de mim e eu comecei a agradecer ao Senhor. Em seguida olhei para o homem que me havia falado e perguntei:

— Quem é o senhor?

— Sou um servo de Deus, evangelista Carlos Annacondia.

— Eu nunca tinha ouvido falar antes no senhor. Mas agora só lhe peço uma coisa: não me tire aquilo que o senhor acaba de me dar.

Quinze minutos depois meu esposo chegou para me buscar e não me reconheceu. A partir daquela tarde minha vida mudou, nunca mais fui a mesma. Naquela mesma noite fui à campanha do pastor Annacondia e, diante de uma grande multidão, entreguei minha vida a Jesus. Hoje sei que fui o primeiro a entregar a vida ao Senhor naquela primeira e inesquecível noite de campanha em Mar del Plata.

Três dias após minha conversão, ouvi claramente Deus me dizendo que eu teria mais uma filha. Não foi fácil entender e aceitar aquilo, pois eu havia me submetido a uma cirurgia para a extração dos ovários. Os médicos tinham confirmado que eu jamais tornaria a ter filhos. Eu já estava com 37 anos de idade e era mãe de três filhos. Porém hoje minha quarta filha está com 11 anos de idade, e é o resultado de eu haver crido no poder de Deus.

Não muito tempo depois, Deus me chamou para seu serviço. Hoje trabalho na obra do Senhor junto com meu esposo, que pastoreia um anexo de nossa igreja. Deus é nossa força e fortaleza, socorro bem presente na tempestade e na angústia.

Maria, cidade de Mar del Plata, Argentina.

Sem a unção de Deus, nenhum ministério na terra pode ser eficaz. Se há algo de que nós todos necessitamos é daquilo que Jesus recomendou aos seus discípulos: "Mas ficai na cidade, até que do alto sejais revestidos de poder". (Lc 24:49). Eles deveriam primeiramente ser cheios do poder de Deus para em seguida se tornarem testemunhas em Jerusalém, e também em Samaria, e finalmente até os confins da terra. Quando estamos revestidos do poder de Deus, sentimos a capacidade de nos tornar testemunhas, e desta forma é que começa nossa vida no ministério. Então veremos os sinais marcando o nosso caminhar com Cristo.

Certo dia chegou à minha igreja um irmão convidando um pregador para realizar uma campanha durante três dias em um bairro muito pobre de Buenos Aires. Na igreja havia muitos pregadores, e qualquer um deles poderia ir. Porém o irmão insistiu para que eu fosse e pregasse a Palavra, pois sua esposa me tinha visto pregando naquele lugar.

Antes, Deus já me dissera que queria me usar. Só me restava crer. Ele tinha me revelado o significado de Marcos 16:17 e tinha também me revelado qual era o segredo para a realização dos sinais: crer.

Mas eu respondera a Deus que jamais iria me apresentar como pregador em uma campanha, pois esperava que, sempre que ele me quisesse pregando, enviasse uma pessoa para me convidar.

Desta forma eu saberia que tinha sido ele quem havia me designado para aquele trabalho. E foi assim que aconteceu naquele momento, e continua a acontecer até hoje.

A campanha para a qual fui convidado seria realizada em um dos bairros mais perigosos da capital da Argentina. Na primeira noite muitos marginais caíram endemoninhados no chão, revolvendo-se e espumando, mas foram libertos de todas as algemas e correntes de Satanás. No dia seguinte aqueles rapazes foram os primeiros a esperar o início da reunião.

Na segunda noite de campanha – não sei se foi obra daqueles rapazes ou de outras pessoas – alguém cortou os fios que traziam eletricidade para o local onde o trabalho estava sendo realizado. Mas assim mesmo eu e os demais irmãos nos unimos e começamos a louvar a Deus de todo o nosso coração. O poder do Espírito Santo desceu naquele lugar de tal maneira que as pessoas que estavam à minha direita caíram no chão, e metade delas começou a debater-se. Vi pessoas gritando, outras chorando, algumas se arrastando, outras batendo a cabeça contra o púlpito e dando gritos. Porém, enquanto tudo isto acontecia, nós continuamos louvando ao Senhor até que o problema com a luz elétrica foi solucionado.

Naquela noite pude ver a grandiosa operação do Espírito Santo, e pude levar centenas de almas aos pés de Jesus, além de ouvir dezenas de testemunhos de cura e libertação.

No terceiro dia de campanha os espíritos imundos continuavam atormentando ferozmente as pessoas. Algumas delas tinham trazido vizinhos que de repente se manifestavam, mas eram libertos pelo poder de Jesus. Foi assim minha primeira campanha evangelística. A glória de Deus manifestou-se ali, deixando bem claro que os sinais do Senhor alicerçavam a Palavra que estava sendo pregada.

Da mesma forma como ocorreu com aquela mulher que estava pensando em suicidar-se, o mundo está esperando que alguém enviado por Deus fale do seu poder e do seu amor; da cura, da libertação e da salvação que ele oferece. Em Romanos 10:11-15 a Bíblia diz:

Como diz a Escritura: Todo aquele que nele crer não será confundido. Pois não há diferença entre judeu e grego; um mesmo é o Senhor de todos, rico para com todos os que o invocam, porque todo aquele que invocar o nome do Senhor será salvo. Como, pois, invocarão aquele em quem não creram? e como crerão naquele de quem não ouviram? e como ouvirão, se não há quem pregue? E como pregarão, se não forem enviados? como está escrito: Quão formosos são os pés dos que anunciam a paz, dos que anunciam coisas boas!

Prezado amigo, você e o seu ministério estão encarregados de cumprir este mandamento. Portanto, jamais se esqueça dos passos que descreverei a seguir.

Sete passos para a unção

Existem sete requisitos que devem ser cumpridos para alcançarmos êxito no ministério cristão. Eles são elementos básicos para desempenharmos um ministério ungido e bem-sucedido. Sem eles, nossa atuação na obra de Deus será inconseqüente e sem frutos. Ei-los:

1. Consagração

Refiro-me à sua entrega total a Deus. Nenhum de nós pode desenvolver um ministério eficaz se não entregar toda sua vida a ele.

Na empresa comercial e familiar que dirijo (agora, a distância), quando necessitamos de empregar alguma pessoa para trabalhar conosco, publicamos um aviso nas páginas dos jornais. Como resposta a tal aviso, apresentam-se muitos candidatos que são submetidos a exames pertinentes ao cargo que se encontra vago. De acordo com a capacidade de cada candidato, escolhemos um deles que, segundo o nosso parecer, é o mais indicado. Porém, isto não é feito sem antes avaliarmos algumas referências dessa pessoa, como sua capacidade para o desempenho da função correspondente e sua experiência. Procedemos deste modo quando precisamos contratar alguém para uma função específica.

Na igreja, quando se necessita de um ministro, um servo, um colaborador, busca-se um teólogo que conheça perfeitamente as Escrituras, que tenha sabedoria, capacidade, experiência, etc. Porém, o que Deus busca realmente em um servo? Que ele tenha sua vida totalmente entregue a ele. Deus não procura um teólogo, não procura um sábio, não procura um dogmático, e sim uma pessoa totalmente consagrada a ele. Deus busca nem tanto capacidade ou sabedoria, mas consagração e entrega total a ele. Conseguir isto não é fácil, requer perseverança e muito esforço, além de muitas outras coisas que nos custam muito entregar de verdade.

Lembro-me de quando Deus me chamou para o ministério. O primeiro ano foi de verdadeira luta entre eu e o Senhor. A razão dessa batalha era que eu só havia entregue 90% de minha vida a ele. Eu já havia recebido o batismo no Espírito Santo, visitava os hospitais, orava pelos enfermos e eles eram curados, pregava e muitas pessoas se convertiam, mas havia algo em mim que não estava ainda integralmente rendido aos pés do Senhor.

Lembro-me de que muitos servos do Senhor haviam profetizado sobre o ministério que Deus me dera. Eles me diziam que eu seria enviado a outros países, que seria um evangelista internacional, que toda a América ouviria a minha voz, e outras coisas mais. Porém, eu não sentia ainda liberdade plena em minha vida para desenvolver este ministério.

Um dia, em sonhos, o Senhor me mostrou um bairro muito pobre, e eu lhe perguntei: "Senhor, será que tu queres que eu vá pregar ali?", e no meu sonho, sem esperar a resposta do Senhor, eu respondia imediatamente: "Não... eu não irei". Outro dia Deus tornou a me mostrar um bairro muito pobre. E eu tornei a dizer: "A esse lugar eu não irei. Como é que vou começar a realizar meu ministério num bairro tão miserável?". Essa era a luta. Eu achava que tinha sido chamado para pregar para magnatas, artistas, milionários, mas Deus queria que eu pregasse aos pobres.

Senti-me tão mal ao ver o que Deus me mostrava e estava me pedindo, que um dia perguntei a Maria: "Se eu der tudo o que tenho e formos para o norte da Argentina para pregar o evangelho, sem nada, você me seguirá?". Ela respondeu: "Se você tiver certeza de que esta é a vontade de Deus para conosco, eu lhe seguirei. Para onde você for, eu irei". Com o passar do tempo, tive certeza de que Deus queria realmente que eu fizesse aquilo. Finalmente, após compreender a total vontade do Senhor, entendi que ele queria que eu me dirigisse àqueles lugares pobres e pregasse àquelas pessoas extremamente necessitadas.

Mas antes Deus realizou um grande trabalho no meu coração. Perdi o interesse pelos meus bens materiais. Perdi o amor enfermo, o amor doentio pela empresa comercial que até aquele momento tinha sido o centro de minha vida. Quando coloquei o meu eu de lado e mudei as prioridades do meu coração, Deus me enviou para evangelizar os pobres.

Passamos então a pregar em lugares de extrema miséria, sob chuva, pisando na lama. E foi daquela maneira que começou realmente meu ministério. Realizei campanhas entre ladrões, prostitutas, pessoas que viviam em situações as mais diversas. Eu e minha esposa costumávamos manter no carro dois pares de botas para os dias de chuva em que deveríamos caminhar por aquelas ruas cheias de barro e lama. Mas com quanta alegria pregávamos!

Antes, Deus esperou que eu fizesse uma entrega total. Aquele tinha sido o primeiro passo. Se não houver uma entrega total de nossa vida, ele não nos usará. Não falo somente de estar convertido nem de haver recebido o batismo no Espírito Santo. Falo de uma vida totalmente consagrada a ele. Só assim a pessoa poderá dizer com sinceridade no seu coração: "Senhor, aonde tu me mandares, eu irei".

2. Visão

O segundo requisito é a visão. Qual é a visão ministerial que Deus tem dado a você?

Dentro da igreja de Cristo há cinco ministérios importantes: apóstolo, profeta, evangelista, pastor e mestre. Nem todas as pessoas chamadas para o ministério devem ser pastores, nem todas devem ser evangelistas, caso contrário estaríamos construindo um Corpo de Cristo deformado. Se Deus ainda não deu a visão ministerial para sua vida, peça-a. Você necessita saber qual é o chamado que ele tem para você; só assim você poderá colocar imediatamente os seus olhos nesse objetivo.

Você deve ter uma visão clara e exata do ministério que terá de desenvolver. Se não for assim, será muito difícil fazer algo relevante para o Senhor. Existe um chamado específico para cada um de nós, e esse chamado deve ser cumprido. Quando temos esse chamado em nossa vida, Deus nos dá a visão, a forma e a capacitação do Espírito Santo para podermos realizá-lo.

Sabe qual é o mais grave problema na Igreja de hoje? É o triunfalismo. Cuidado! Essa é uma doença que corrói os ministérios. Por que digo isto? Por uma razão muito simples. Essa atitude de triunfalismo leva, por exemplo, um pastor que tem três mil almas na sua igreja a sentir-se um fracassado ao ver que esse número diminuiu. Então, para alcançar novamente as três mil ovelhas, ele não se importará de fazer qualquer coisa, mesmo sem a aprovação de Deus, seja comprar um grande auditório sem ter recursos, seja comprar horas no rádio ou na televisão, seja pedir dinheiro emprestado etc. Tudo isso pela vaidade de alcançar ou manter uma igreja com três mil pessoas. Isto é triunfalismo.

Na realidade, nem todos os chamados de Deus são iguais. Portanto, se você está enganado com relação à sua visão, fracassará no ministério. O importante é sabermos qual é a vontade de Deus para a nossa vida. Deus chama o homem e a mulher para um ministério específico, mas você deve saber que há pastores para mil, para dez mil ovelhas, e há pastores também para cem ou para cinqüenta ovelhas.

Houve um ministério na terra que creio ter sido o mais poderoso que já existiu. Nele todos os enfermos que se achegavam eram curados. O pregador que liderava esse ministério saía da cidade para pregar na vizinhança e toda a cidade ia atrás dele. E não eram só os habitantes de uma povoação, mas também os de outras localidades que vinham para ouvi-lo. Ele pregou a milhares de pessoas e milhares foram curadas, cidades inteiras foram abaladas pelo poder da sua palavra, endemoninhados foram libertos, e até mortos foram ressuscitados. Mas quando esse ministério público terminou aqui na terra, de quantos membros era composto? De apenas cento e vinte pessoas. E você acha que esse ministério fracassou?

Se avaliássemos o ministério de Jesus pela ótica atual, teríamos de dizer que fracassou. Cento e vinte almas estavam reunidas naquele aposento alto, esperando a promessa de Deus. Mais de quinhentas pessoas o viram ressuscitado, porém só cento e vinte fiéis estavam ali. Todavia, foram esses cento e vinte que encheram o mundo da mensagem de Cristo, e hoje nós recebemos este evangelho porque aqueles cento e vinte irmãos saíram a pregar a Palavra do Senhor.

Portanto, devemos estar conscientes de que talvez Deus nos tenha chamado para pastorear uma igreja de mil, de quinhentos, de cinqüenta ou de vinte pessoas. Que importa a quantidade? O importante é cumprir fielmente o propósito e o plano de Deus para nossa vida.

Devemos precaver-nos contra o triunfalismo. Não podemos sair por aí tentando obter sucesso a qualquer preço. Devemos esperar que Deus nos dê da sua graça e das suas bênçãos; porém, acima de todas as coisas, devemos estar no centro da sua vontade. Por isso há ministérios que fracassam. Por isso há ministérios que, tendo igrejas de duzentos ou trezentos membros, acham-se entristecidos, amargurados e inconformados. Todavia, se esta é a vontade de Deus para você, aceite-a e não se preocupe com a quantidade.

Deus quer que os templos estejam cheios de salvos, mas cada um em sua medida e a seu modo. Nem todos os evangelistas saem para pregar nas principais cidades do mundo. Talvez Deus envie você a um pequeno povoado, a um desses lugares tão difíceis de as pessoas entenderem e aceitarem o evangelho, mas Deus também tem amor por essas almas, e elas têm muito valor para ele. Nós estamos em um exército, e nele valente não é só o que se encontra na linha de frente da batalha, mas também aquele que está na retaguarda administrando, ou preparando os alimentos, ou se preocupando com outros detalhes da vida daqueles que estão à frente, na luta. Todos os ministérios são importantes. O seu também é.

3. Conhecimento

Ter conhecimento é fundamental, mas devemos usá-lo para servir ao Senhor e não para demonstrar ao mundo o nosso nível intelectual. A capacitação é essencial para respondermos adequadamente aos que perguntam sobre determinado tema da nossa fé. Aqueles que ministram a Palavra de Deus, homens ou mulheres, devem conhecer bem a Bíblia para responder e ensinar a contento. Se nós não a conhecermos, estaremos em desvantagem diante do diabo, porque ele a conhece.

Deus também nos capacita para ministrarmos o amor e a graça de Cristo por meio de nossa vida. Se só estivermos cheios de conhecimento e não tivermos amor pelas almas perdidas, não alcançaremos nosso objetivo. Portanto, tudo tem de ser realizado com ordem e equilíbrio, para que possamos exercer um ministério eficaz. Devemos manejar bem a Palavra da verdade, como todo obreiro aprovado, e não modificar as Escrituras.

4. Fé

A fé sem obras é morta. Podemos ter fé, mas, se não a colocarmos em prática, ela de nada nos servirá. Se cumprirmos todos os passos até aqui citados, mas não tivermos fé, a unção não virá sobre nós. Todos esses requisitos são necessários para alcançarmos a unção.

O Senhor nos diz claramente: "E estes sinais hão de seguir os que crerem", e em seguida menciona diferentes manifestações de poder, como curar enfermos, expulsar demônios e outras coisas mais. Você acredita que estes sinais seguirão o seu ministério? Para quem são esses sinais? São sem dúvida para todos nós, sem exceção. O Senhor nos diz hoje: "Ide por todo o mundo, e pregai o evangelho a toda criatura", e ele mesmo aprovará esse envio com sinais que só podem ser acionados mediante a fé. (Veja Mc 16:14-19.)

Quando você se coloca atrás de um púlpito, põe em ação a Palavra pela fé a fim de confirmá-la. Tudo o mais corre por conta de Deus. Talvez você me pergunte como eu costumo agir. E eu lhe respondo que simplesmente prego o evangelho, como a própria Bíblia ensina no evangelho de Marcos: falo a Palavra. Depois que as pessoas aceitam a Jesus e se aproximam da plataforma como demonstração de seu ato de fé, eu expulso os demônios em nome de Jesus Cristo e eles saem correndo. Eu oro pelos enfermos e eles ficam curados. Em cada reunião eu também oro pelo batismo no Espírito Santo. É fundamental exercitarmos essas quatro funções. Não deixe de fazê-lo, já que cada uma delas é necessária na vida das pessoas: salvação, libertação, cura e batismo no Espírito Santo.

O que acontece quando oramos com fé? O sobrenatural começa a acontecer, o mover de Deus torna-se real. A única chave que pode dar movimento a isto é a fé. Nós devemos crer que nosso pedido será cumprido, porque Deus não falha.

Certa vez um pastor me chamou para pregar em sua igreja e eu lhe respondi: "Sim, irei. Deus me deu algo novo e quero levar esse algo novo ao conhecimento de todos". Naquele dia o culto foi uma verdadeira bênção. Colocamos em fila todos os que queriam o batismo no Espírito Santo e eu comecei a orar. Toda pessoa sobre quem eu colocava as mãos começava a falar em novas línguas. A pessoa cria que assim ia acontecer, e assim acontecia.

Isto é fé. Colocar a Palavra de Deus em ação e com simplicidade. Se crermos com sinceridade na Palavra de Deus, Deus revolucionará a nossa vida. Em meu caso, eu prego o evangelho da forma mais simples possível para que todos me entendam, sem me importar com o nível cultural elevado ou baixo dos que me escutam.

Durante uma campanha evangelística nos Estados Unidos, Deus me disse: "Pregue durante uma hora, se for necessário. As pessoas devem entender que são elas que necessitam de mim, e não eu delas". Isto é uma realidade. Deus faz falta às pessoas. Portanto, nós temos de chamar a atenção delas para suas necessidades, dizendo-lhes: "Vocês necessitam de Deus. Vocês acham que poderão continuar vivendo normalmente suas vidas com os corações duros, negros de pecados? Acham que estará tudo bem se continuarem se embebedando, adulterando, roubando, mentindo, ou desejam mudar? Viver desta maneira e dar as costas a Deus só trará mais sofrimentos, tristezas e amargura".

Desta maneira simples é que o evangelho deve ser pregado. Aprendamos as coisas simples e preguemos um Jesus simples para que todo mundo possa entender as verdades de Deus.

5. Ação

Para entendermos melhor este quinto tópico, usarei o exemplo do profeta Neemias. Ele recebeu uma ordem de Deus para realizar algo. Porém, após ouvir a ordem de Deus, não ficou sentado esperando que Deus trabalhasse por ele, como alguns fazem. O profeta colocou-se em ação e disse: "Ah! Senhor, estejam atentos os teus ouvidos à oração do teu servo, e à dos teus servos que se deleitam em reverenciar o teu nome. Dá êxito a teu servo, concedendo-lhe favor perante este homem. Eu era copeiro do rei". (Ne 1:11).

Muitos oram e oram, e quando lhes dizemos: "Irmãos, vamos ganhar o nosso bairro para Cristo", eles respondem: "Ah, irmão, estou orando neste sentido". No ano seguinte repetimos o convite: "Irmãos, temos de ganhar o nosso bairro para Cristo, existem muitos drogados aqui". Mas eles tornam a responder que continuam orando. Certamente esses irmãos vão passar toda a sua vida orando. Devemos orar, mas uma vez que Deus nos dá a garantia de que podemos agir, é o momento de pararmos de orar e dizer como Neemias disse: "Vinde, reedifiquemos os muros de Jerusalém para que não estejamos mais em opróbrio" (Ne 2:17).

Muitos ficam esperando que Deus faça tudo, e que ele mesmo pregue a sua Palavra. Oramos durante dois minutos e em seguida dizemos: "Senhor, salva o meu bairro", e não fazemos mais nada. E desta maneira pretendemos que as pessoas se convertam. Em certa oportunidade Deus me deu uma visão na qual eu vi um grande oásis, palmeiras, plantas exóticas, árvores frutíferas de todo tipo, fontes de águas cristalinas, flores, um gramado muito verde, pássaros, e muitas pessoas bebendo sucos, comendo frutas, cantando, rindo, brincando naquele oásis.

Eu pensei: Este lugar deve ser o paraíso. Mas, quando comecei a me aproximar, vi que do outro lado havia um deserto. Ali não havia árvores, água, flores, não havia sombra, o sol rachava as pedras e uma multidão agonizante olhava para o lado onde estava o oásis. Muitos tinham a pele queimada, a língua inchada e se sustentavam uns nos outros para não cair. Suas mãos estendidas para os que estavam no oásis imploravam ajuda.

Com esta visão Deus me ajudou a refletir sobre algo essencial que existe na Igreja hoje. Nossos templos estão cansados de nos ouvir. As cadeiras e bancos de nossas igrejas, de tanto ouvirem pregações eruditas, podem ser considerados doutores em teologia. Mas o que devemos fazer para mudar essa situação? Devemos levar o púlpito para a rua, para as praças, para os parques. Devemos sair de porta em porta falando do amor de Cristo. Os lamentos dos que sofrem tocam profundamente o nosso coração e ressoam nos nossos tímpanos. Devemos agir, pois os noticiários de rádio e televisão, os jornais e as revistas cantam as proezas do Destruidor. Mas nós devemos pregar a Jesus Cristo, aquele que venceu o Destruidor!

Deus quer homens e mulheres de ação. Nós devemos ser sensatos e sábios. Na vida, se não entramos em ação, nós nos paralisamos. Se não nos esforçamos, fracassamos. Se não houver ação, mesmo que tenhamos muita sabedoria, não ganharemos almas para Cristo. Mesmo que nos instalem em uma igreja completa com tudo o que é necessário, nós nada faremos.

Todo projeto deve ser seguido de ação, e a nossa ação básica consta de sairmos para servir ao Senhor. Se você não pensa assim, renuncie ao ministério ou peça ao Senhor que tire de você a preguiça. Nenhum preguiçoso terá êxito na obra de Deus, porque ele necessita de pessoas corajosas e esforçadas. Isso foi o que Deus disse a Josué: "Esforça-te, e tem bom ânimo. Não pasmes, nem te espantes, porque o Senhor teu Deus é contigo por onde quer que andares" (Js 1:9).

O que é esforçar-se? É ultrapassar os limites de nossas forças. Se, por exemplo, gostamos de dormir muito, o ministério não será próspero em nossa vida. Na realidade, tudo deve ter um limite e uma medida. Também não é necessário chegar ao extremo de nos envolvermos em tanta atividade que passemos o nosso dia correndo de cá para lá, a ponto de esquecermos até de buscar ao Senhor.

6. Oração e jejum

Somos sacerdotes de Cristo. Cada um de nós tem a responsabilidade de manter o fogo aceso, manter crepitante o fogo do altar em nossa vida devocional por meio da oração. Dessa forma o fogo do Espírito Santo jamais se apagará.

> O fogo sempre se conservará aceso sobre o altar; não se apagará. Cada manhã o sacerdote acenderá lenha nele, e sobre ele porá em ordem o holocausto, e sobre ele queimará a gordura das ofertas pacíficas (Lv 6:12).

É importante sentir amor pelas almas perdidas; nós devemos dobrar os nossos joelhos para chorar, para clamar pelo mundo que está se perdendo sem Deus. Quando aceitamos a Jesus, as chamas do altar se erguem até o teto. Porém, com o passar do tempo o amor vai se apagando e o altar também. Então, ali onde havia fogo só ficam cinzas. Se deixarmos o fogo se apagar no altar, como acontecia aos levitas, não serviremos como sacerdotes. Fracassaremos em nossa função. Se não mantivermos o altar de Deus aceso em nossa vida, esfriaremos. Imediatamente começaremos a perder o amor pelas almas sem Cristo, pela obra de Deus e por nossos irmãos.

Mas ainda é tempo de recuperarmos esse primeiro amor, como a igreja de Éfeso. Ela perdeu o seu primeiro amor e o seu altar foi destruído. Havia trabalhado muito, havia andado muito, havia agido muito, mas algo estava mal dentro dela. Deus viu os atos da igreja de Éfeso, seu trabalho incansável e o esforço com que ela resistia aos maus e aos que diziam ser apóstolos e não eram. Porém, Deus lhe disse: "Tenho, porém, contra ti que deixaste o teu primeiro amor. Lembra-te de onde caíste! Arrepende-te, e pratica as primeiras obras" (Ap 2:4,5).

Podemos manter o fogo do altar aceso com oração e jejum, e também buscando a Deus de todo o nosso coração e entendimento. Desta forma nos prepararemos para enfrentar os obstáculos, pois, como o Senhor já nos disse, a nossa luta não é contra a carne nem contra o sangue, mas contra os principados, contra as potestades e contra as hostes espirituais da maldade.

A Bíblia é clara ao nos avisar que a nossa luta não é contra os homens, e sim contra as potestades do ar. É aí onde devemos obter a nossa vitória, orando permanentemente e dizendo: "Satanás, sai desta cidade. Diabo, afasta-te das finanças desta família. Satanás, diabo imundo, tu que trazes o pecado sobre a igreja, afasta-te dela em nome de Jesus".

Satanás é real, mas muitas vezes parece até que ignoramos isso, e agimos como se ele não existisse ou não passasse de um ser inofensivo. Mas a Palavra de Deus diz que o diabo anda rugindo como um leão, procurando a quem devorar. Nós devemos enfrentá-lo por meio da oração, com a nossa vida no altar. Cada vez que o repreendermos será como lançar um balde de água fria sobre sua fúria.

É importante a consagração, a visão, o conhecimento, a fé, a ação, mas a oração e o jejum devem ser colocados em primeiro lugar. Estes são elementos que não podem faltar em nosso ministério. Se fracassarmos nisto, o restante também fracassará. Cada tema deve ser tratado com muita atenção. Cada coisa tem um componente real para nossa vida cristã, mas é importante cultivarmos uma vida de oração e intercessão. Além do mais, como líderes de ministério, é importante organizarmos um grupo que esteja à nossa volta orando constantemente e intercedendo pela nossa vida.

7. Amor

Portanto, devemos buscar uma vida de comunhão com Deus com muita seriedade. Se não tivermos amor pelas almas perdidas e pelas ovelhas do rebanho de Cristo, nosso ministério será ineficaz e o nosso esforço não terá nenhum resultado. Você pode ser uma pessoa de ação, de fé ou de conhecimento, mas, se não tiver amor, nada disso lhe servirá. Tudo o que você construir será destruído pela falta de amor.

Diariamente eu faço esta oração a Deus: "Senhor, dá-me amor. Porque sei que, se eu não tiver amor, nada serei". Se eu não amar verdadeiramente aquele que sofre, ser-me-á impossível continuar no ministério. Há dias em que diante de mim estão três pessoas me falando em um ouvido, três outras me falando no outro ouvido e três falando comigo na retaguarda. Posso assegurar que muitas vezes não é fácil realizar o meu trabalho. Por isso necessitamos de uma cota maior de amor, de uma porção especial de amor verdadeiro pelas almas, pois muitas vezes a paciência se esgota e, se não tivermos amor genuíno, não continuaremos o nosso trabalho.

O amor, diz a Bíblia, "não se vangloria... não busca os seus próprios interesses, não se irrita, não suspeita mal... Tudo sofre, tudo crê, tudo espera, tudo suporta" (1Co 13:4-5,7). Esse é o amor que devemos ter. Se a sua vida está no altar de Deus e o fogo está aceso nele, peça ao Senhor que o encha desse amor, e ele o fará. Mas não se esqueça: ore a Deus, interceda perante ele, não se conforme orando só durante cinco ou dez minutos, porque agindo assim você não obterá resultados. Ore a Deus durante uma, duas horas... e tente dedicar sempre uma boa parte do seu tempo diante do altar. Todos os passos que devemos dar para conseguir um ministério triunfante devem estar alicerçados no amor precioso do nosso Senhor Jesus Cristo.

Há algum tempo fui procurado por um irmão que havia escrito muitos livros. Ele estava investigando tudo acerca dos avivamentos e as causas de suas falhas. Ele me falou de Finney, de Moody, de Wesley e de outros grandes avivalistas. Mas o que ele queria fundamentalmente saber era por que os avivamentos acabam.

Então eu lhe respondi usando uma ilustração. Se dois boxeadores lutam dentro de um ringue, um ataca e o outro se defende. Quando o que ataca deixa de atacar, o que se defende começa a atacar por sua vez. A mesma coisa acontece com a Igreja e sua luta contra Satanás. Quando estamos lutando para alcançar as almas perdidas, o que mantém o nosso ataque contra Satanás é nosso amor pelas almas. Quando a Igreja deixa de agir assim, o diabo a ataca e passa a arrebatar as almas de dentro da igreja. Portanto, não devemos perder o nosso lugar de vitória nessa luta.

Quero terminar este capítulo com o que Deus me disse sobre este assunto:

> O amor pelas almas perdidas produz avivamento, mas, quando esse amor cessa, o avivamento cessa. Aquele que tem paixão pelas almas vive em um permanente avivamento.

Capítulo 3

A autoridade por meio da fé

Todo aquele que responder prontamente ao chamado de Deus terá em sua vida sinais divinos confirmando a presença do Senhor no seu ministério. Isto é promessa do Senhor. Porém, nunca se esqueça de que cada sinal é realizado por meio da autoridade que o Espírito Santo nos dá, e que por sua vez essa autoridade é impulsionada pela fé. Deus deu a você, na condição de servo dele, uma autoridade espiritual que você deve colocar em ação. Desde a criação do mundo, Deus delegou ao homem toda autoridade sobre a terra e o colocou como coroa da criação.

Diz o livro de Gênesis que Deus criou o homem à sua imagem e, além de ordenar que ele se multiplicasse, disse-lhe que subjugasse a terra e dominasse os peixes, as aves e todos os animais que andam sobre a terra (Gn 1:27,28).

A palavra "sujeitar", conforme o dicionário, significa "dominar, mandar imperiosamente". Já o termo "dominar" significa "ter o total controle sobre determinada coisa". Portanto, essas palavras expressam "poder", já que marcam o "domínio" real e a "autoridade" sobre todo o ser vivente, concedidos por Deus ao homem. Mas esse domínio foi perdido quando o homem caiu em pecado. Satanás arrebatou-lhe a autoridade e se tornou senhor da terra. O homem perdeu a escritura de propriedade dessa autoridade. Satanás a roubou.

Porém, quando Jesus morreu na cruz, ele não só nos redimiu como também derrubou a barreira que nos separava de Deus e adquiriu para nós o direito de sermos feitos filhos de seu Pai. Ao realizar isso, ele arrebatou do diabo a autoridade que este nos tinha roubado e a entregou novamente nas nossas mãos. Posso garantir que agora temos a autoridade que provém de Deus e que, por meio da fé nele, podemos retirar qualquer coisa das mãos do diabo. Basta reconhecer que somos herdeiros reais e co-herdeiros com Cristo no reino dos céus. Nosso Pai é nosso dono. Ele tem o título de propriedade sobre nós.

Quando assumimos nosso direito pela fé, estamos capacitados para exercer autoridade sobre os poderes diabólicos deste mundo. Se Satanás atua em uma pessoa ou em uma situação, temos o poder de interferir e mudar totalmente a situação, porque por meio da cruz nós recuperamos toda a autoridade divina que tínhamos antes.

O exemplo disto me ocorreu com os meios de comunicação na Argentina. Não era permitido pregar o evangelho de Jesus Cristo pelo rádio e pela televisão. Mas em 1992, quando realizamos uma grande campanha em uma província do Norte do país junto com oitenta igrejas daquela região, solicitamos a várias estações de rádio e televisão que nos vendessem espaços para transmitirmos os cultos ao vivo. Em resposta eles nos cobraram uma quantia astronômica, argumentando que no dia anterior haviam cobrado a mesma quantia a uns políticos que tinham realizado um comício.

Nós não concordamos em lhes pagar o que eles estavam pedindo. Não tínhamos esse dinheiro, e a quantia era realmente exorbitante.

Enquanto isto estava acontecendo, tivemos problemas com a liberação do terreno onde nossa campanha seria realizada. As autoridades não quiseram nos autorizar o uso do espaço, mas nós sabíamos que para circos e outras atividades elas não opunham nenhuma resistência. Mas isso também não foi impedimento para que realizássemos a campanha, pois Deus continuava operando.

Um irmão nos cedeu um enorme terreno que ele tinha fora da cidade. O único inconveniente era a escassez de meios de transporte para chegar até ali. Por aquele lugar só passava um ônibus e com pouca freqüência. Esse fato nos preocupou muito. Como é que as pessoas iriam chegar de noite até aquele local? E como é que iriam retornar depois para suas casas?

Alguns dias antes do início da campanha, a dificuldade aumentou. O desânimo começou a reinar sobre toda a minha equipe. Mas nós decidimos declarar guerra espiritual às hostes infernais, e repreendemos ao diabo desta maneira: "Satanás, recua. No nome de Jesus nós declaramos que estás algemado. Portanto, afasta-te dos meios de comunicação. Vai embora daqui, porque tu és um vencido".

Oramos desta maneira durante vários dias. Quando as reuniões começaram, sentimos um forte apoio de Deus. Durante um daqueles momentos de intercessão pela campanha, o Espírito Santo começou a mostrar, por meio de visões a vários irmãos, um homem caindo de seu trono junto com estruturas diabólicas.

Certa manhã Deus me disse: "Você deve transmitir essa campanha em cadeia direta de rádio e televisão". Imediatamente entendi que Deus estava entregando em nossas mãos os meios de comunicação daquela cidade. O homem forte estava derrotado. Falei sobre isto com o coordenador de nossa equipe, o irmão Tito Meda, e ele disse que contrataria todos os espaços de rádio e televisão de que necessitássemos.

E foi aí que começaram as surpresas. Os diretores dos meios de comunicação aceitaram a nossa proposta de pagar 30% do valor que eles haviam pedido no início. As emissoras de rádio de freqüência modulada transmitiram a campanha sem nenhum custo para nós. No sábado, mais de dez meios de comunicação, entre rádio e televisão, transmitiram o culto.

Porém, as surpresas não pararam por aí. Naquela noite, cinco minutos após a transmissão ser iniciada, os canais de televisão que não havíamos contratado tiveram problemas técnicos e foram obrigados a suspender a sua programação habitual. Toda a cidade, portanto, só tinha como opção assistir à nossa campanha. Nosso Senhor é maravilhoso!

Naquela noite vimos centenas de pessoas se aproximarem da plataforma onde estávamos, sedentas pela salvação oferecida por Jesus. Quatro jovens chegaram também junto com a multidão. Estavam tão desesperados que, antes de ouvir a pregação pelo rádio, haviam decidido suicidar-se no próprio automóvel em que estavam. Centenas de milagres surpreendentes começaram a acontecer, mas um deles foi realmente maravilhoso. Certa mãe que havia tido uma criança com síndrome de Down (mongolismo) colocou a criança na frente da televisão. Enquanto eu orava, ela notou que as feições de seu filho iam-se transformando. A criança foi curada naquela noite.

Centenas de pessoas portadoras de outras enfermidades foram curadas, e vários enfermos com câncer deram os seus testemunhos de cura. A partir daquela primeira transmissão, a campanha se desenrolou de uma maneira surpreendente. Ninguém explicava como com tão pouco dinheiro pudéramos conseguir espaços em todas as emissoras da cidade. Mas nós sabíamos qual era a explicação. Exercitando nossa fé, tínhamos declarado que aqueles espaços seriam nossos. Resultado: a cidade foi inteiramente abalada pelo poder de Jesus. Pregamos ali durante 38 dias, e mais de 30 mil pessoas aceitaram a Cristo, para glória e honra do seu nome.

Gosto muito de contar a história de um pastor, da província de Jujuy, que tinha em sua igreja um médico muito bem de vida que todo mês pagava a passagem de avião para que o pastor fosse estudar em um seminário bíblico em Buenos Aires. Quando o avião decolava e o serviço de bordo era iniciado, a aeromoça perguntava ao pastor: "O senhor quer comer ou beber alguma coisa?" e ele sempre lhe respondia: "Não, obrigado". O tempo passou, e depois de muitas viagens o pastor finalmente concluiu o seu curso.

Como prêmio por sua graduação ele recebeu uma importante oferta antes de regressar ao seu povoado. Naquele dia ele entrou todo eufórico no avião e esperou que a aeromoça passasse e lhe oferecesse alguma coisa. Ele aceitou comer de tudo e beber de tudo o que lhe ofereceram, menos bebida alcoólica. Quando estava para aterrissar, o pastor chamou a aeromoça e lhe perguntou quanto deveria pagar por tudo o que havia consumido. A aeromoça sorriu e lhe respondeu: "O senhor não nos deve nada, porque tudo já está incluído no preço da passagem".

O pastor ficou perplexo. Ele não havia desfrutado de nada daquilo que lhe tinham oferecido durante tantos vôos, simplesmente por não saber que tudo aquilo era grátis.

A mesma coisa acontece hoje na igreja de Cristo: por ignorância, nós não desfrutamos dos benefícios de Deus, pois não levamos em conta que ele já providenciou tudo para nós de forma gratuita.

Dispostos a entender

Certa vez um ser celestial, vestido de linho, disse em visão a Daniel que ele não temesse, porque desde o primeiro dia em que havia disposto em seu coração "entender" e humilhar-se perante Deus, suas palavras tinham sido ouvidas. Mas algo aconteceu enquanto aquele anjo trazia a resposta de Deus até Daniel. Uma forte batalha espiritual foi travada no ar durante 21 dias.

O que aquele anjo quis dizer com a palavra "entender" é que a fé também pode ser interpretada. Ao ler a Bíblia, eu analiso o que me ensinaram por meio da fé, mesmo que meus conceitos e preconceitos se interponham e tentem limitar a Palavra de Deus. Isto acontece com muita gente. Todas as pessoas dotadas de cultura científica acham difícil aceitar livremente a fé, pois esta leva-os a romper com seus conceitos científicos. Dentro da igreja, os preconceitos religiosos atrapalham o crescimento das congregações. Só o Espírito Santo, operando de forma sobrenatural, pode romper essas estruturas de conceitos e preconceitos.

Já as pessoas simples não enfrentam esse tipo de problema. Elas podem aceitar com maior facilidade as manifestações do mundo espiritual. O melhor exemplo que temos é a simplicidade das crianças. Jesus disse que, se não formos como crianças, não entraremos no reino de Deus. Se alguma coisa devemos reconhecer de excepcional nas crianças é a inocência é a simplicidade com que aceitam e crêem. Elas não têm preconceitos. Aceitam com total fé tudo o que seus pais e adultos lhes ensinam. No livro de Lucas encontramos Jesus regozijando-se ao declarar que seu Pai ocultou os assuntos do Espírito aos olhos dos sábios e entendidos e os revelou aos pequeninos.

Mesmo que na realidade muitas pessoas tentem interpretar a Deus mediante seu entendimento, somente pela fé poderão conhecê-lo. Todos, em alguma oportunidade, encontramos pessoas que rotularam de "loucura" as coisas de Deus, ou chamaram de "loucos" aos que crêem na mensagem do evangelho. Mas a Bíblia diz que Deus se agradou de nos salvar por meio da fé na sua mensagem, e não por causa dos nossos raciocínios inteligentes sobre a mensagem. Sejamos como as crianças, que crêem com ingenuidade.

Não limite sua fé

Existe um supercomputador que, segundo os especialistas, contém todo conhecimento acerca do homem. Com a memória cheia de uma quantidade incrível de dados que lhe foram inseridos, esse computador é capaz de nos fornecer todo tipo de informação que quisermos em qualquer área do saber humano. Suponho até que ele possa dar-nos informações secretas sobre todos os países do mundo. Porém, se lhe pedirmos alguma informação sobre coisas espirituais, ele não poderá nos responder, porque não entende o sobrenatural. Ele só dispõe de dados relativos à sabedoria humana.

O homem, porém, pode ter acesso a qualquer plano da vida, até o plano espiritual, por meio da fé, já que ele conta com um espírito que o capacita para isso. Em certo sentido, podemos dizer que somos sobrenaturais, pois temos um espírito capaz de interpretar assuntos espirituais. Em Gálatas 5:22,23 a Bíblia enumera as graças que constituem o fruto do Espírito: amor, gozo, paz, longanimidade, benignidade, bondade, fidelidade, mansidão, domínio próprio.

Podemos observar claramente que a fé é um fruto do Espírito e somente o homem pode ter acesso a ela, pois ele é o único ser vivente que possui um espírito. Só pela fé poderemos interpretar o espiritual e ter acesso à autoridade de Deus. Assim mesmo, podemos distinguir dois tipos de fé: a natural e a sobrenatural.

Durante minha primeira viagem missionária ao norte da Argentina, numa noite de verão, pediram que eu pregasse na reabertura de uma igreja. Começamos a convidar as pessoas para a campanha, que duraria três dias. Preparamos os bancos com madeira usada e troncos de árvores. No primeiro dia compareceram poucas pessoas, mas o poder de Deus fez com que elas corressem e contassem aos seus amigos os milagres e maravilhas que tinham acontecido ali. No segundo dia veio muito mais gente, e no último a igreja estava totalmente lotada.

Ao constatar que a maioria das pessoas ali não conhecia o Senhor, eu me emocionei. A viagem de 1 200 quilômetros tinha valido a pena. Porém, assim que começou o último culto, notei uma pequena agitação no meio do povo. Algumas pessoas agitavam os braços, e algumas crianças estavam muito inquietas. Uma praga de mosquitos havia entrado na igreja e começado a atacar as pessoas. Algumas pessoas tentaram proteger-se usando líquido repelente, mas não adiantou. Parecia que a nuvem de insetos se multiplicava cada vez mais. A fé natural não funcionou ali. Era uma situação nova e muito difícil para mim. Pensei que enquanto eu estivesse pregando as pessoas estariam totalmente distraídas espantando os mosquitos e não prestariam atenção na mensagem.

Naquele momento Deus me disse que eu ordenasse aos mosquitos para saírem daquela igreja. E imediatamente dentro de mim começou a atuar a fé sobrenatural. Porém, eu respondi: "Senhor, como é que vou fazer isso? Se eu der essa ordem aos mosquitos e eles não saírem, eu é que vou ter de sair". Mas o Senhor insistiu, e eu lhe respondi: "Muito bem, Senhor. Sei que estás comigo aqui, por isso obedecerei à tua ordem".

Naquela eterna luta entre a fé natural que dizia em minha mente "isto é impossível" e a fé de Deus que dizia "faça isto agora", resolvi obedecer. Apesar de se tratarem de pequenos insetos, eu me vi ali como Davi diante de Golias. Porém, não tive dúvidas de que obteria a vitória. Ergui a voz e falei: "Irmãos, vamos orar e expulsar esses mosquitos daqui no nome de Jesus". Os irmãos olharam para mim e riram. Alguns abaixaram a cabeça para que eu não os vissem sorrindo. Outros abriram os olhos, surpresos, mas finalmente todos juntos oramos dessa maneira: "Mosquitos, no nome de Jesus, vão para fora desta igreja. Agora!". Em segundos, não ficou um só mosquito dentro daquela igreja. Um vento suave os lançou para fora da casa de Deus. Entre o assombro e a alegria, Deus glorificou o seu nome.

Ao analisar aquela situação, cheguei à conclusão de que, se Deus dera a Adão absoluta autoridade sobre todo ser vivente, inclusive os do ar, isso incluía também os mosquitos. O conflito com relação a isso estava dentro de mim, pois eu não tinha fé sobrenatural para crer que os mosquitos iriam me obedecer.

Mas esse pensamento era fruto de um raciocínio lógico, pois a fé natural me dizia que eu estava louco e que não tinha poder para aquilo. Eram preconceitos, idéias preconcebidas. Porém, quando a fé natural veio sobre mim, trouxe-me a autoridade divina, e expulsamos aqueles mosquitos.

O preconceito forma estruturas tão sólidas no ser humano que impede que a fé se desenvolva com autoridade. Não pense que só falo a respeito dos que não conhecem a Jesus e não têm fé nele. Falo também dos que crêem, mas limitam sua fé sobrenatural.

A Bíblia relata o momento em que Filipe conheceu a Jesus. Tal foi a sua emoção que procurou imediatamente seu amigo Natanael para contar sobre aquele a quem havia conhecido. Disse que tinha falado com Jesus, o filho de José, o carpinteiro de Nazaré. Então Natanael respondeu: "Pode vir alguma coisa boa de Nazaré?" (Jo 1:45,46).

Segundo podemos concluir pelas palavras de Natanael, a cidade de Nazaré não gozava de uma reputação muita boa, e conseqüentemente a figura de Jesus ficava prejudicada por ele ser daquele lugar. Talvez Natanael nem tivesse ousado aproximar-se de Jesus se Filipe não tivesse insistido para que ele o fizesse. Seu preconceito estava impedindo que ele conhecesse Jesus, e certamente o impediria de ser salvo. Mas quando Natanael se aproximou de Jesus e este lhe revelou o seu poder, as estruturas que limitavam sua capacidade de crer se romperam.

A própria religião é um grande inimigo de Deus porque gera preconceitos religiosos que limitam as pessoas. Muita gente só passa a crer nos milagres quando os experimentam em suas próprias vidas ou quando os vêem realizados na vida de um ente querido. Por isso, necessitam de sinais para ter fé em Deus.

Onde Deus estiver, ali haverá sinais

Eu sei que onde está a presença de Deus há sinais. Devemos deixar de lado todo preconceito que limita o acesso a essa fé sobrenatural e assumir por fé a autoridade que Deus nos deu. Os sinais são algumas das maneiras pelas quais as estruturas preestabelecidas são quebradas. Por meio deles muitas pessoas passam a viver pela fé. A Bíblia nos ensina que os sinais seguirão aos que crerem.

E estes sinais são: "Em meu nome expulsarão demônios; falarão novas línguas; pegarão em serpentes; e quando beberem alguma coisa mortífera, não lhes fará mal algum; imporão as mãos sobre enfermos, e os curarão" (Mc 16:17,18).

Creio firmemente que esses sinais não são para a Igreja, e sim para os incrédulos. Penso que Deus dá sinais por meio de sua Igreja para que outros creiam. Pessoalmente, posso confirmar isto em cada campanha que realizo. As pessoas crêem e ativam sua fé ao ver os sinais de Deus: um paralítico que caminha, um canceroso que é curado, um oprimido que fica liberto de demônios. É por isso que em cada reunião eu convoco as pessoas que receberam milagres a subir à plataforma para contar o que Deus fez na vida delas. Isto incentiva os outros a crer e a ter a sua fé desafiada.

Quando Deus mandou Moisés tirar Israel da terra do Egito, Moisés disse que o povo não creria que Jeová o havia enviado. Então Deus chamou a atenção de Moisés para uma simples vara e a transformou em uma cobra. Moisés se assustou e se distanciou dela. Mas Deus disse que ele estendesse sua mão e pegasse a serpente pela cauda. Assim ele o fez, e ela se transformou novamente em uma vara. Estes e outros sinais demonstrariam aos israelitas que Deus havia aparecido a Moisés. (Ex 4:2-9).

O povo de Israel também necessitou ver sinais para crer. Ao vê-los, até os incrédulos creram e seguiram a Moisés, pois havia sinais de Deus que o autorizavam e acendiam a fé naquelas pessoas. Mesmo não vendo a Deus, eles sabiam que por trás daqueles sinais estava Deus.

O mesmo aconteceu com Nicodemos. Quando ele se aproximou de Jesus, disse-lhe: "Ninguém poderia fazer estes sinais miraculosos que tu fazes, se Deus não fosse com ele" (Jo 3:2). Este homem reconheceu, mediante os sinais que acompanhavam Jesus, que ele havia sido enviado por Deus. O ministério público de Jesus foi alicerçado em sinais, e grandes multidões iam atrás dele para ver o seu poder de curar e libertar.

Quando João Batista duvidou se Jesus era ou não era o Messias que havia de vir, o que Jesus fez? Eis o relato bíblico:

> Os discípulos de João anunciaram-lhe todas estas coisas. João, chamando dois discípulos, enviou-os a Jesus, dizendo: És tu aquele que havia de vir, ou havemos de esperar outro? Quando aqueles homens chegaram a Jesus, disseram: João Batista enviou-nos a perguntar-te: És tu aquele que havia de vir, ou havemos de esperar outro? Na mesma hora Jesus curou a muitos de enfermidades e males e espíritos malignos, e deu vista a muitos cegos. Então lhes respondeu: Ide, e anunciai a João o que tendes visto e ouvido: os cegos vêem, os coxos andam, os leprosos são purificados, os surdos ouvem, os mortos são ressuscitados e aos podres é anunciados o evangelho (Lc 7:18-22).

Jesus não lhes disse: "Vocês não estão vendo com quanta sabedoria eu falo?", e sim mostrou-lhes sinais. Por meio dos sinais, João reconheceria quem ele era. Deus sempre tratou seus filhos com sinais. Por exemplo, Deus sempre guiou constantemente o povo pelo deserto com uma coluna de nuvem durante o dia e uma coluna de fogo durante a noite. Eram dois sinais. O maná que caía do céu a cada manhã era outro sinal. O velo de lã usado por Gideão foi outro. As curas que Jesus realizou foram muitos sinais. Há um mundo que busca o verdadeiro caminho, e Deus quer que este mundo saiba que "o caminho é Jesus". Os sinais são só uma viva demonstração da presença de Deus.

A Igreja verdadeira

Quando estudamos o tabernáculo de Israel, observamos diferentes elementos que nos revelam grandes verdades acerca de Deus. Mas há uma verdade em especial a que quero me referir: a Arca da Aliança.

O tabernáculo era composto de diversas áreas. Uma delas era o Lugar Santíssimo, onde a pessoa se encontraria na presença de Deus, e somente o sumo sacerdote poderia entrar ali uma vez por ano, após vários rituais prévios. O Lugar Santíssimo se achava na Arca da Aliança. Dentro dela se encontravam as tábuas da Lei e a vara de Aarão. Podemos falar muito a respeito deste assunto, mas o que quero fazer agora é notar que, onde está a presença de Deus, existem sinais. Essa vara representa os sinais de Deus.

O mundo está buscando sinais para identificar o caminho correto. Deus nos deu esses sinais, da mesma maneira que os deu a Moisés, a João Batista ou a Nicodemos. No entanto, hoje muitas seitas, religiões, bruxos, magos, adivinhos, mentalizadores e iluminados se levantam com sinais mentirosos, afirmam ser a encarnação de Jesus, ou dizendo: "Este é o caminho". Diante de semelhantes mentiras e enganos do diabo, o que devemos fazer? Ou proclamaremos um evangelho de palavras persuasivas de sabedoria humana ou faremos uma demonstração de que o Espírito Santo está conosco e tem todo o poder.

Agora, vejamos bem: se você quer saber qual é a verdadeira igreja, quero dizer-lhe algo importante para que você não se engane em sua busca: A verdadeira igreja de Deus contém os sinais descritos nesta passagem:

> Ide por todo o mundo, e pregai o evangelho a toda criatura. Quem crer e for batizado será salvo, mas quem não crer será condenado. E estes sinais hão de seguir os que crerem: Em meu nome expulsarão

demônios; falarão novas línguas; pegarão em serpentes; e quando beberem alguma coisa mortífera, não lhes fará mal algum; imporão as mãos sobre enfermos, e os curarão (Mc 16:15-18).

A primeira parte do texto pode ser comum a muitas igrejas, porque elas pregam o evangelho. Outras batizam os que crêem. Mas o que diferencia as igrejas são os sinais que seguirão os que crerem. Portanto, você deve buscar uma igreja na qual os sinais prometidos pelo Senhor são encontrados: onde os oprimidos espirituais são libertos, onde se falem línguas celestiais, onde se aceitem desafios e onde os enfermos sejam curados.

Nosso Senhor Jesus Cristo deu toda autoridade aos seus discípulos para que eles curassem enfermos e libertassem endemoninhados. Assim ele diz em sua Palavra:

> Chamando a si os seus doze discípulos, deu-lhes poder sobre os espíritos imundos, para os expulsarem e para curarem toda sorte de doenças e enfermidades (Mt 10:1).

Esta autoridade é a mesma que Deus entregou a você e a mim. Com ela podemos mostrar ao mundo os sinais de Deus para que o mundo creia. O próprio Cristo causava admiração às pessoas por sua autoridade, e os religiosos lhe perguntavam: "Que é isto? Que nova doutrina é esta? Ele dá ordem até aos espíritos imundos, e eles lhe obedecem!" (Mc 1:27). Para as estruturas religiosas com fortes preconceitos estabelecidos, a autoridade de Cristo foi uma nova doutrina. Essa autoridade é hoje sua e minha.

Aceite o desafio de se apossar pela fé da autoridade de Deus e desta forma enfrentar enfermidades, demônios e todo tipo de barreira espiritual que surgirá no seu caminho de exercício da fé. Somos herdeiros de uma das mais importantes fortunas, porém não a usamos.

Tome a autoridade pela fé e você obterá resultados surpreendentes.

Terceira parte

Em meu nome expulsarão demônios

Capítulo 4

Demonologia I

Testemunho: "Satanás dominava minha vida"

Durante 42 anos sofri de uma profunda depressão. Essa enfermidade me acompanhou desde meus primeiros anos de vida, afastando-me das outras crianças e isolando-me. Eu não queria brincar com nenhuma delas. Lembro-me de que sempre subia em uma árvore que havia no fundo de minha casa. Ali eu me escondia do resto do mundo.

Tenho cinco irmãs; nenhuma delas era como eu. Elas sempre riam de mim. Muitas vezes as pessoas diziam à minha mãe: "Que estranho o comportamento dessa menina!". Mas o que aquelas pessoas não sabiam é que eu sentia um grande terror dentro de mim. Por isso eu não era normal. Não sabia brincar nem queria rir.

A minha vida adulta transcorreu profundamente marcada pelo que vivi em minha infância, particularmente pelas experiências com meu pai, um alcoólatra. Ele batia em minha mãe, em mim e em minhas irmãs, andava sempre armado e nos ameaçava constantemente, dizendo que, quando estivéssemos dormindo, nos mataria. Por causa disso, todas as noites eu me esforçava para manter-me acordada, até que o sono me vencia e eu finalmente adormecia. Era tão grande o terror que eu sentia, que durante noites e noites eu tinha pesadelos tremendos. Ao despertar eu via a sombra de um homem que abria a porta do armário, cobria-se com a capa do meu pai, colocava o seu chapéu e ficava olhando para mim.

Cada vez que eu sentia medo corria para o fundo de minha casa e me sentava durante horas debaixo da árvore que havia ali. Como minha família não percebia o que acontecia comigo, ninguém podia me ajudar.

O péssimo relacionamento que meu pai tinha com minha mãe, com minhas irmãs e comigo marcou o resto de minha vida. Por causa desse medo e temendo que essa situação se repetisse comigo, eu nunca quis me casar. Jamais queria passar pelo que minha mãe passou.

Minha depressão continuou durante minha juventude e maturidade. Eu vivia constantemente fechada em minha casa e completamente às escuras. Fumava o dia todo, bebia e jogava cartas. Também tinha uma forte inclinação por tudo o que dizia respeito ao ocultismo. Tentava mover objetos com a mente e fazia leitura de mãos. Usava cartas de tarô para adivinhar o futuro das pessoas. Todas essas armadilhas diabólicas me levaram para um poço mais do que profundo.

Certo dia minha mãe comentou sobre um trabalho evangelístico que seria realizado na cidade de Moreno. Era a campanha do irmão Carlos Annacondia. Senti vontade de ir. Porém, durante os dias que antecederam à campanha, uma voz sussurrando ao meu ouvido disse-me que eu devia beber veneno e suicidar-me, terminando assim minha vida de sofrimento. Mas naqueles dias eu estava me sentindo tão mal que sequer tive ânimo de sair e comprar um frasco de veneno.

A campanha do irmão Annacondia em Moreno durou cinqüenta e dois dias, mas eu só pude me aproximar do local quatro dias antes do término. O diabo não deixava de insistir comigo para eu me matar. Até que uma tarde minha mãe me convidou para passearmos. Pegamos um ônibus e ele passou perto do local onde estava sendo realizada a campanha. De repente comecei a gritar que queria descer ali. Diante dos meus gritos os passageiros começaram a olhar para mim, assustados, o motorista parou o ônibus e eu desci com minha mãe.

Em 12 de fevereiro de 1987 aceitei Jesus como meu Salvador. Naquela noite eu não quis mais sair dali. Estava muito feliz. Senti que minha vida mudara totalmente, e a depressão desapareceu. Continuei participando das reuniões seguintes, mas havia algo dentro de mim que não me deixava ir adiante para receber a oração do irmão Annacondia. Porém, na última noite da campanha, consegui chegar até ele. No momento em que ele orava por mim, meu corpo começou a tremer descontroladamente. Os conselheiros me acompanharam para um local ao lado e ali realizaram um trabalho de intercessão para que eu fosse totalmente liberta do poder de Satanás.

Tive de renunciar ao ódio e à amargura que eu sentia por meu pai e outras pessoas. O diabo havia amarrado a minha vida de tal maneira que eu me sentia como uma prisioneira dentro de um poço frio, escuro e profundo. Porém, quando em meu coração decidi buscar a libertação, o Senhor operou em mim uma mudança completa. Fui totalmente curada daquela ferida interior, e me vi liberta e feliz.

Mas isto só foi possível após eu renunciar e abandonar muitas coisas que haviam ficado como resto do meu passado de miséria espiritual. Durante a oração de libertação, uma das pessoas que estava orando por mim sentiu da parte de Deus que eu tinha um espírito de adivinhação. Então todas as pessoas que estavam ali começaram a repreender aquele espírito e a orar pela completa libertação da minha vida. Imediatamente, um forte ruído como um estalido de um copo foi ouvido no ar, e em seguida fiquei completamente liberta.

Pouco tempo depois minha família também se aproximou do Senhor e o aceitou como Salvador. As mudanças que Deus produziu na minha vida foram imensas. Os vizinhos começaram a me ver andando na rua durante o dia e perguntavam o que tenha acontecido. Antes eu passava o dia trancada em um quarto escuro. Vivia sempre na penumbra e, quando acordava, já era noite. Depois eu ficava lamentando por tudo o que não havia feito durante o dia. Por isso, todos os que conheciam o meu problema puderam constatar a mudança maravilhosa e tremenda que ocorreu na minha vida. Agora eu me levanto cedo, sorrio e também congrego em uma igreja. Jesus Cristo mudou totalmente o meu viver. Aleluias por isto.

Maria Luísa (52 anos), Cidade de São Miguel,
Buenos Aires, Argentina.

Uma realidade que enfrentamos todo os dias é a atuação de poderes demoníacos na vida das pessoas. Sei que isto não é nenhuma novidade para os que lêem a Bíblia. Em diferentes oportunidades encontramos relatos na Palavra de Deus sobre pessoas que, estando endemoninhadas, receberam libertação.

Diante da atuação de Satanás, os cristãos costumam se comportar de duas maneiras: ou o desprezam ou dão-lhe muita importância. Mas Deus nos ensina qual é a maneira correta de procedermos diante das manifestações de Satanás. Sabemos que ele anda como um leão rugindo, buscando a quem possa tragar. Estas são algumas das pistas que Deus nos deixou sobre a atitude de Satanás. Sabemos também que "estes sinais hão de seguir os que crerem: Em meu nome expulsarão demônios" (Mc 16:17).

Portanto, não se assuste. Se você crê no Senhor Jesus Cristo e está cumprindo o mandamento divino de "ir e pregar" o evangelho, encontrará sempre estes sinais no seu caminho.

Os demônios são seres cruéis, sem corpo, e andam buscando um lugar para alojar-se. Falam, vêem e ouvem. Muitos exemplos podemos apresentar a respeito deles, e o livro de Marcos nos relata alguns.

Quando Jesus ensinava na sinagoga, os que estavam ali se admiravam de sua doutrina e da autoridade com que ele poderosamente falava. Porém, eles não tinham visto essa autoridade em nenhum deles, nem mesmo nos próprios escribas. Mas algo aconteceu, e um dos que estavam na sinagoga começou a gritar. No mesmo instante Jesus reconheceu que um espírito imundo falava pela boca daquele homem, que dizia: "Ah! que temos contigo, Jesus de Nazaré? Vieste destruir-nos? Bem sei quem és: o Santo de Deus. Repreendeu-o Jesus, dizendo: Cala-te, e sai dele!" (Mc 1:24,25).

Imaginemos esta situação pouco comum em um ambiente como o de uma sinagoga. Este fato não aconteceu antes, e sim enquanto Jesus ensinava. O homem possesso se encontrava dentro daquele lugar. Mas acabo de destacar aqui, entre outras coisas, que, apesar de os religiosos admirarem o poder de Jesus e os seus ensinos, não o reconheceram como o Messias, mas disseram que Jesus tinha demônios. Que curioso!

O mundo espiritual só pode ser compreendido por meio do espírito. Foi isto o que aconteceu com Jesus ao ouvir aquele homem gritar. Imediatamente Jesus ordenou que ele se calasse e que os demônios saíssem daquele corpo. Então os demônios lutaram para não abandonar a sua vítima. Sacudiram-no com violência e gritavam, mas finalmente saíram. Quando isto aconteceu, as pessoas começaram a ver em Jesus uma autoridade espiritual e em seguida se perguntaram: "Que palavra é esta que até aos espíritos imundos manda com autoridade e poder e eles saem?" (Lc 4:36).

As manifestações diabólicas

As manifestações diabólicas nas pessoas são muitas e diversas. Daí o fato de as vermos em cada indivíduo de formas diferentes:

O oprimido

É muito comum ver pessoas oprimidas espiritualmente. Estas opressões atuam de maneira externa e constante, com o único fim de vencer a resistência da pessoa.

A opressão se manifesta por meio da tentação e da perseguição. Geralmente os cristãos padecem deste tipo de opressão. É uma tática que o diabo usa para tentar levar a pessoa à sua antiga vida de pecados. Por isso a Palavra de Deus nos diz que não devemos dar lugar ao diabo, e sim resistir a ele.

O atormentado

Os demônios atormentam a muitas pessoas. Eles geram temor, depressão e aflição. Mas não devemos nos confundir: a pessoa atormentada que manifesta um problema espiritual não está necessariamente endemoninhada. Não há tantos endemoninhados no mundo, como muitos pensam. O que existe em grande número são pessoas atormentadas pelo diabo. Devemos expulsar esses espíritos como manda Marcos 16:17: em nome de Jesus.

A pessoa atormentada não está endemoninhada. Existe uma área em sua vida que está sob a influência do diabo. Isto acontece porque essa pessoa não se entregou totalmente ao Senhor, ou porque existe um pacto ou alguma coisa que a está prejudicando espiritualmente, como ódio ou ressentimento. Você sabe muito bem que, quando estes sentimentos estão guardados no coração, haverá sempre uma porta aberta para o diabo entrar na vida da pessoa e causar um desastre dentro dela. Isto é claro e real; não é uma invenção.

O possesso

A pessoa possessa perde momentaneamente o controle de sua vontade, e em muitos casos a memória. É por isso que, após receber a ministração por meio da libertação e do aconselhamento, ela não se lembra do que fez ou do que disse durante o período em que estava possuída pelo diabo. O endemoninhado perde o controle dos seus atos. Ele se enfurece de repente, queima ou quebra objetos, diz palavrões, parte para agressão. Porém, após ter sido liberto, se alguém lhe pergunta o que lhe aconteceu, ele dificilmente se lembrará.

Analisemos o caso do pai que trouxe seu filho para que Jesus o libertasse de um espírito mudo. O pai disse a Jesus que inesperadamente o espírito tomava o seu filho, e o jovem era sacudido, lançava espuma pela boca e rangia os dentes. Acrescentou também que muitas vezes o espírito mudo o havia lançado na água e no fogo para matá-lo, mas não tinha conseguido. Creio que realmente a fé daquele pai era muito grande. Admiro muito a clareza com que ele descreveu o sofrimento do seu filho e a maturidade espiritual que o levou a interpretar que o rapaz estava possesso de um espírito imundo.

Não sabemos o tempo exato, mas aquele pai disse que o seu filho desde criança padecia daquele tormento. Pensemos na razão que levou o pai a declarar que aquele era um espírito mudo. Seu filho não falava, não gritava. Aquele pai descreveu muitas outras manifestações externas que o demônio produzia no rapaz, mas o rapaz não gritava.

Agora vejamos como Jesus libertou aquele jovem. Ele disse: "Espírito mudo e surdo, eu te ordeno: Sai dele, e nunca mais entres nele" (Mc 9:25). A primeira coisa que Jesus fez foi chamá-lo, dizendo-lhe algo assim: *"Escute aqui, espírito mudo e surdo.* Mas se ele era surdo, como iria escutar? Irmão, nunca esqueça que Satanás é o pai da mentira e o maior dos enganadores. Observe o que aconteceu depois que Jesus o repreendeu: "O espírito, *clamando,* e agitando-o com violência, saiu, deixando-o como morto, ao ponto de muitos dizerem: Morreu" (Mc 9:26).

Agora sim, ele falava e clamava, pois a farsa havia acabado. Jesus sabia muito bem a quem estava enfrentando. Ele jamais se deixou enganar.

O louco
Por último, este tipo de manifestação indica uma possessão completa, de forma permanente. Nesse caso o diabo tem o completo controle sobre o corpo, a alma e o espírito da pessoa. Essa situação é exatamente o pólo oposto da pessoa cheia do Espírito Santo. Tal é o caso do endemoninhado gadareno. Era um ser to-

talmente anti-social, com atitudes violentas, maltratos físicos sobre si mesmo, desejos suicidas, etc. Tenho visto nos manicômios muitos loucos que me lembram o gadareno. Olham para as pessoas, mas não as vêem. Você fala com elas, mas não sabe se elas o estão escutando. Essas pessoas estão totalmente dominadas pelo espírito maligno que está nelas.

Talvez você se pergunte: "É possível pessoas assim alcançarem a libertação?". Minha resposta é *sim*. Deus tem todo o poder, e também tem compaixão dessas pessoas, assim como teve do endemoninhado gadareno, que era um louco. O que aconteceu com o gadareno pode acontecer com qualquer pessoa que esteja nas garras de Satanás.

"O gadareno cordobês"

Eu estava concluindo a última noite dos 60 dias de campanha evangelística realizada na cidade de Córdoba, Argentina. Enquanto descia da plataforma para voltar ao hotel, alguns irmãos trouxeram um louco para que eu orasse por ele. O homem era um verdadeiro gadareno, um alienado, um maluco. Vivia nos montes, caminhando. Andava sempre quase nu e descalço. Seu cabelo estava muito sujo (havia uns três anos que ele não tomava banho), suas unhas impressionavam pelo tamanho e a sujeira. Ele parecia uma fera, um animal. Naquela última noite, depois de tantos dias de campanha, eu me sentia realmente muito cansado, e exatamente no momento em que estava indo descansar, trouxeram-me aquele homem para que eu orasse por ele. Trazê-lo até ali não tinha sido fácil. Quatro homens fortes o haviam suspendido pelos braços e o estavam praticamente arrastando.

Enquanto eu me aproximava, o Espírito Santo me disse: "São duas legiões". Imediatamente, respondi: "Senhor, eu não tenho mais forças e estou quase sem voz". Porém, após dizer estas palavras, impus as mãos sobre aquele homem e repreendi os demônios, dizendo: "Em nome de Jesus, deixem este corpo livre". Para a nossa surpresa, o homem se soltou dos braços fortes que o seguravam e saiu correndo como uma bala até o perdermos de vista. Então, pela fé, eu o declarei livre.

Seis meses depois voltei a Córdoba para uma reunião especial do Dia de Pentecostes. Muitas pessoas deram seus testemunhos de cura e libertação alcançadas na última campanha. Entre aquelas pessoas subiu à plataforma um homem bem vestido para testificar como Deus havia transformado poderosamente a sua vida. Naquele momento, alguns pastores daquela cidade me perguntaram: "Irmão Carlos, lembra-se deste homem?". Eu realmente não lembrava quem ele era. Os irmãos me surpreenderam ao dizer que aquele era o endemoninhado que tinha sido trazido para eu orar por ele na última noite da campanha.

Contaram-me que, após aquela oração, o "gadareno cordobês" saiu correndo pelo meio do campo e ficou gritando cinco dias. Cada grito que ele dava eram demônios que saíam de dentro dele. No último dia, o homem começou a caminhar para o local onde estava a casa de sua família, que ele não visitava fazia muitos anos. Quando os seus parentes o viram na porta da casa, não entenderam o que tinha acontecido. O homem estava totalmente mudado. Na noite em que orei por ele eu estava muito cansado, mas Deus não necessita dos meus esforços nem dos seus para fazer a obra que ele quiser fazer. Não necessita da minha capacidade nem da sua. Ele é soberano sobre todas as coisas.

A obra de Satanás na vida das pessoas se expressa de diferentes maneiras, mesmo que toda a sua atividade aponte para o furto, o assassinato e a destruição (Jo 10:10). Jesus declara que o diabo é homicida desde o princípio, e que não há verdade nele. Também diz que, quando ele fala mentira, fala do que lhe é próprio, porque não é só mentiroso, e sim pai de toda mentira. O que poderemos esperar de semelhante ser que é ladrão, homicida, destruidor e mentiroso?

Maldição familiar

Com relação a esse tema há muito o que dizer. Cada vez que pronunciamos uma maldição, estamos invocando um espírito maligno. Muitas das pessoas que nos procuram para receber ministração e ser libertas caíram na situação em que estavam como resultado das maldições de outras pessoas lançadas sobre elas, especialmente os pais.

Uma das maldições familiares mais comuns é quando avós, tios ou pais entregam seus descendentes ao próprio Satanás. O que eles não sabem é que, a partir daí, tremendas conseqüências ocorrerão sobre a vida daquela pessoa. Todo tipo de maldições hereditárias geram frustrações e fracassos que devem ser eliminados.

A Bíblia diz que existem ataduras na terra que devem ser desatadas no céu. Portanto, é desta forma que devemos atuar. É muito comum, em especial nas culturas latinas, ataduras malignas serem feitas na vida das pessoas por meio de pronunciamentos e sentenças familiares. As maldições hereditárias geralmente são recebidas durante a própria infância: "Você é igual a seu pai: um fracasso"; "Você sempre será um burro"; "Você não serve pra nada; nunca será nada na vida"; etc.

As palavras têm poder, há poder em suas palavras. Elas expressam autoridade. Deus fez o mundo com a sua palavra. A palavra tanto constrói como destrói. É comum ouvirmos pais e irmãos dizerem às crianças: "Você é um retardado" ou "Você é um capeta". Através destas palavras, nós invocamos espíritos imundos e amarramos a criança. As palavras aprisionam.

Algum tempo atrás eu chamei severamente a atenção de um dos meus filhos por ele ter dito ao seu irmão uma palavra que me assustou. Nunca permita que palavras negativas ou depreciativas sejam ditas entre os membros de sua família! Nossa responsabilidade como cristãos é "abençoar", transmitir bênçãos por meio das palavras. Sempre quando falo com meus filhos, eu lhes digo: "Como é que está, 'gênio?'" O que você fez hoje, 'campeão?'"

Algumas mães não percebem quão grande é esta verdade, e seus filhos, ao crescer, viverão as conseqüências do fato de elas lhes terem sentenciado o fracasso, a maldição. Conheci rapazes que ouviram da boca de suas mães as seguintes frases: "Não sei porque você nasceu! Não sei porque eu trouxe você ao mundo!". Esses jovens ficaram negativamente marcados até se encontrarem com Jesus, e só então puderam receber a cura destas feridas.

Quando dizemos "você é um idiota", "um animal", expressamos nossa ira momentânea. Mas não percebemos que as pessoas que ouviram essas palavras pronunciadas por nós pagarão as conseqüências no mundo espiritual.

Um testemunho que ilustra e reflete a realidade cultural latino-americana por meio de frases que são constantemente pronunciadas pelas famílias é o que vamos ler a seguir:

> Sou filho, neto e bisneto de homens e mulheres que viviam como queriam, mas sempre contra a vontade de Deus. Portanto, recebi herança de corrupção, enfermidade e morte. Porém, um instrumento do diabo como eu fui não somente nasce, mas principalmente é moldado.
>
> Quando eu era criança me castigavam com violência verbal e física, e me diziam: "Os meninos são filhos do castigo", e: "Aquilo que se aprende com sangue jamais será esquecido". Depois tentavam justificar toda aquela violência contra mim, dizendo: "Nós te queremos bem, e é por isso que te espancamos".
>
> Na escola também me castigavam mais ou menos da mesma forma: "Você tem de fazer isto porque eu estou ordenando"; "Você vai ter de aprender esta lição, mesmo que seja necessário matá-lo a pau"; "Vou transformar você em uma pessoa boa debaixo de pancadas".
>
> Quando eu dizia alguma coisa que não devia dizer ou fazia alguma travessura, condenavam-me imediatamente com uma profecia fatal: "Você é igual a seu pai: um desastre". Em seguida selavam o meu destino com frases da "sabedoria popular": "Quem cria corvos terá seus olhos arrancados"; "Filho de raposa é raposinha"; "Difícil é fazer um porco voar". Com esta última frase eles queriam dizer que eu nunca mudaria. Tratavam-me como um corvo, como um porco, como um burro, como um inútil, como um infeliz, e outras denominações piores. Claro que com os fins "estritamente corretivos e pedagógicos" que eles achavam ser corretos.

Mas tudo isso eu já perdoei a eles, no nome de Jesus. Eu os perdoei para não me ver preso ao ódio, ao medo e às falsas doutrinas de minha família. Porém foi muito difícil chegar a esse perdão.

Meus parentes mais velhos, a quem eu venerava, também me ensinaram outras coisas. Eles me diziam: "Querer é poder"; "A fé remove montanhas" (eles não se referiam à fé em Deus, e sim à confiança na vontade e capacidade humanas); "Persevera e triunfarás"; "Você é jovem, tem o mundo em suas mãos". Eles me repetiam constantemente: "A maior riqueza que um pai pode deixar para um filho é o estudo, é uma profissão por meio da qual ele possa conseguir o pão de cada dia. Você deve estudar se quiser ser alguém na vida". Se conseguisse ser "doutor", isso seria uma condecoração para toda a família.

Eles também afirmavam: "Se você não estudar, não passará de um pobre desgraçado". Também afirmavam: "Ter é poder"; "O dinheiro não traz a felicidade, mas sem ele não podemos ser felizes"; "Barriga cheia, coração contente"; "O mais importante na vida é ter saúde"; e algumas outras frases mais.

Quando eu me interessava por algum assunto espiritual ou ia à igreja católica, eles me diziam, rindo: "Ora, ora, era só o que faltava. Vamos ter um sacristão na família!".

A carga dos "você deve", "você deveria", "você tem" e "você terá" me esmagava... tudo era esforço e vontade pessoal, sacrifício humano, sofrimento, remorso, resignação, esforço em ser inteligente e demonstrar boa educação.

Na escola também me ensinaram: "O homem é um animal racional"; "Penso, logo existo". Quando eu tinha vinte e poucos anos eles me convenceram de que "cada um é responsável por seu próprio destino".

O mundo era, conforme minha dolorosa experiência, egoísta, hostil, mentiroso e hipócrita. Porém, meus parentes me diziam que o mundo não era assim, que eu o via dessa maneira porque o ladrão acredita que todos também são ladrões.

Eles não só me encheram desses ensinamentos errôneos, mas também me instruíram para que eu ensinasse como eles, crendo que estaria transmitindo a verdade. Finalmente decidi estudar sociologia clínica e social, parapsicologia, budismo zen, astrologia e curandeirismo. Desta maneira tornei-me um falso mestre, um cego guiando cegos.[1]

Em outubro de 1984 assisti, junto com um grupo de amigos sociólogos e estudantes avançados, a uma campanha do evangelista Carlos Annacondia que estava sendo realizada em Lomas de Zamora, Argentina, com o objetivo de investigar. Na verdade, eu não queria ir, estava cansado de assistir a curas enganosas, mas finalmente meus amigos conseguiram convencer-me e eu fui.

Em determinado momento da reunião, pediram que os enfermos se aproximassem do palanque para receber oração. Ora, como eu estava padecendo de uma alergia hereditária e incurável, fui à frente para poder comprovar a veracidade ou não de tais sinais.

Imediatamente, vi-me clamando a Deus por minha salvação e pelo amor que nunca havia conhecido. Compreendi que até aquele momento eu havia sido um instrumento nas mãos de Satanás. Bendito seja Jesus que não olhou para minha maldade e a enorme quantidade de vidas que eu havia empurrado para o abismo, mas olhou para a minha pobre alma e resgatou-a, demonstrando assim o seu infinito amor!

Basílio, Argentina.

Este relato nos leva a refletir sobre as vezes que pronunciamos frases negativas. Creio que cada cultura terá suas próprias. É freqüente ouvirmos essas palavras, sobretudo entre as pessoas que

---
[1] Veja o capítulo 8, em que são narrados mais detalhes da vida deste homem.

mais se amam: esposos, pais, filhos, irmãos. Não permita que isto continue acontecendo em sua família. Elimine essas frases de seu vocabulário. Reconheça que parte dos fracassos que enfrentamos na vida são conseqüência dessas maldições. Não permita que sua vida seja marcada pelas palavras de um ser querido pronunciadas de maneira depreciativa e amaldiçoadora.

No âmbito espiritual, essas palavras têm muito valor. O diabo aproveita-se delas para fazer com que a pessoa sentenciada ou amaldiçoada creia nelas. Cedo ou tarde, elas causarão feridas que só poderão ser curadas por meio da ministração do Espírito Santo, o único que pode levar os corações feridos a perdoar os seus ofensores.

Deus nos ensina que a morte e a vida estão em poder da língua, e que aquele que a ama comerá de seus frutos (Pv 18:21). A maldição amarra as vidas e impede a bênção. Aprenda a abençoar seus filhos, seu cônjuge, seus pais, e você notará uma grande diferença em sua vida.

Quanto a este assunto, o apóstolo Pedro ensina: "Pois quem quiser desfrutar a vida, e ter dias felizes, refreie sua língua do mal, e os seus lábios não falem engano" (1Pe 3:10). Nossa língua nos causa males que só Cristo pode curar à medida que reconhecemos nossas faltas.

Se quisermos que nosso futuro seja bom, devemos ter muito cuidado com a nossa língua, impedindo-a de falar o mal. Este é o tipo de maldição em que participam poderes espirituais da maldade. Satanás não é onisciente; ele não tem poder de ler nossos pensamentos. Porém, ainda que ele não saiba o que eu penso, compreende o que a minha boca declara. Daí o fato de ser tão importante pronunciarmos bênção e não maldição. Quem não se lembra da passagem da figueira que secou após ser amaldiçoada por Jesus?

A confissão é muito importante. Todas as pessoas que dão o passo de fé e aceitam a Jesus como Salvador de suas vidas sempre são orientadas por mim a repetir suas orações em voz alta. O diabo tem de escutá-las declarar a sua confissão de fé. Muitas vezes vejo algumas pessoas paradas diante da plataforma após terem sido convidadas para aceitar Jesus, silenciosas, sem querer repetir em voz alta o que lhes digo. Então peço que o repitam em voz bastante audível. O diabo ouve o que elas estão falando. Quando alguns argumentam: "Eu já fiz a minha oração mentalmente", eu lhes respondo que o diabo não a escutou. A Bíblia é clara em Romanos 10:10 quando diz: "Pois com o coração se crê para a justiça, e com a boca se faz confissão para a salvação".

Costumo estar diante de pessoas que durante esta oração têm dificuldade de dizer: "Senhor, eu te entrego minha vida" ou "Eu te recebo no meu coração", porque nesse instante elas estão sendo libertadas em meio a uma luta de poderes espirituais. Dois reinos não podem permanecer em um mesmo coração. Um deles deve sair, e isto depende da vontade e do livre-arbítrio de quem está tomando esta decisão tão importante.

Capítulo 5

Demonologia II

Testemunho: "Ele me ordenou três vezes: 'Mate-se'"

Desde muito pequena sofri de problemas mentais. Tudo começou quando passei a ver algumas coisas dentro de casa. Subitamente eu via o que ia acontecer, tomava conhecimento de atos praticados por pessoas desconhecidas, via lugares onde eu nunca tinha estado antes. Alguém me revelava coisas do passado e do futuro. Eu vivia sempre com medo por não poder interferir naquelas situações. E isto foi aumentando dia a dia dentro de mim.

Minha família levou-me a um psicólogo, mas ele nada pôde fazer. Eu tinha tanta raiva daquele médico que uma vez, aos nove anos de idade, movi um porta-lápis que estava sobre sua mesa... com a mente. O médico se espantou, suou frio, sem entender nada. Minhas respostas o assustavam porque ele notava que eu já sabia mais do que ele imaginava que eu pudesse saber. Finalmente, dando-se por vencido, ele disse à minha mãe que reconhecia o seu fracasso e sua incapacidade diante do meu caso.

Depois me levaram a outros médicos, e estes fizeram vários exames em mim, entre eles eletroencefalograma, mas nada foi constatado. Ninguém conseguia descobrir o que eu realmente tinha. Então resolveram levar-me a uma parapsicóloga. Ela disse que se eu rejeitasse meu poder paranormal seria imensamente prejudicada; portanto, devia aceitá-lo. Além do mais, ela disse que me ajudaria a desenvolvê-lo. Depois de assistir a várias de suas aulas, percebi que ela estava me usando para o seu próprio benefício. Eu a abandonei e passei a freqüentar sessões espíritas. Quase enlouqueci.

Dias depois comecei a ver silhuetas em plena luz do dia. Escutava murmúrios, vozes que me chamavam. Via figuras deformadas. Durante a noite eu não podia dormir; tinha pesadelos, escutava ruídos de correntes sendo arrastadas, vozes que me davam ordens. Muitas vezes tinha a impressão de que estavam me arrastando pelos cabelos e me jogando contra a parede. Meu pai, que é um homem muito forte e musculoso, não podia me segurar quando eu estava naquele estado. Minha mãe tinha de amarrar minhas mãos para que eu não arrancasse meus próprios cabelos.

Certa vez, no fundo de minha casa, observei uma sombra que me perseguia. Ao voltar-me para ver quem era, vi um homem de cabelo escuro, orelhas perfuradas e olhos negros muito penetrantes. Tinha o semblante sombrio, carrancudo, e me olhava de maneira muito estranha. Fiquei paralisada e comecei a gritar: "Mamãe, mamãe". Quando tornei a olhar para o lugar onde aquele homem estava, não o vi mais. Meu pai tentou segurar-me enquanto eu pulava e dava socos para todos os lados.

Passado algum tempo, aqueles fenômenos diminuíram. Porém, no início de 1987, tudo voltou a acontecer. Senti que era o meu fim. Tentei matar-me três vezes. Em uma dessas ocasiões levei um facão para a cama, e uma voz me disse: "Enfie-o agora em sua garganta, não doerá. É a única solução que lhe resta, porque você está ficando louca". Mas não tive coragem. Em sonhos, eu via como seria a minha vida se eu não me matasse. Via-me dentro de um poço, com as mãos e com os pés atados, com o cabelo longo, uma túnica branca e suja e muita gente lançando objetos sobre mim como se eu fosse um animal. Uma voz me dizia: "É assim que você ficará; é assim que você ficará".

Porém, em fevereiro de 1988, assisti à campanha que o irmão Carlos Annacondia estava realizando na cidade de Solano. Na primeira noite fui levada para a tenda de libertação, possessa. Quando despertei, estava chorando e coberta de suor. Daquele dia em diante senti paz, alegria e amor. Começou uma nova vida para mim.

Certa noite, após eu haver assistido a um dos cultos da campanha, fui dormir. Estava muito cansada. Porém alguém me despertou. Ao abrir os olhos, vi um homem forte em pé perto de mim. Ele me disse: "Sou o rei Thor. Você é minha e não vai mais me deixar". (Thor é personagem mitológico escandinavo da antigüidade, que se caracterizava por reinar sobre as forças da natureza, a tempestade e a guerra.) Eu quis louvar a Deus, mas a minha língua estava endurecida como pedra. Porém, após muito esforço, consegui pronunciar: "O sangue de Jesus tem poder". Em seguida comecei a adorar ao Senhor de todo o meu coração. O homem desapareceu.

Em outra noite, tive um sonho. Uma serpente impressionante, com uma cabeça muito grande para o seu corpo, apareceu diante de mim. O lugar onde eu me encontrava estava inundado de água suja, e a água me chegava até os joelhos. Além do mais, chovia; era como uma grande tempestade. Imediatamente a serpente começou a rir de mim e a dar muitas voltas ao meu redor. Cheia de autoridade do Espírito Santo, falei bem alto, quase gritando: "Não tenho medo de você". Em seguida eu a expulsei no nome de Jesus, e ela desapareceu. Ela regressou outras três vezes, mas eu tornei a repreendê-la. Na última vez ela deixou de rir quando eu lhe disse: "Espírito imundo, eu te expulso no nome de Jesus. Vai-te para o abismo de onde vieste". Lembro-me que ela saltou apavorada e fugiu.

Hoje estou congregando em uma igreja. Ao lembrar-me de minha vida passada, sei que tudo aquilo foi causado pelos meus antepassados, porque eles haviam dedicado sua vida e a minha à bruxaria.

Sandra, Província de Buenos Aires, Argentina.

Todos esses anos de experiência em libertação espiritual nos têm ajudado a entender muitas das artimanhas e estratégias do diabo. A Bíblia fala da diferença entre as diversas hierarquias diabólicas. Existem principados, os governadores das trevas deste século e as hostes espirituais da maldade nas regiões celestes (Ef 6:12).

Quanto aos principados, podemos afirmar que cada cidade tem um príncipe. O melhor exemplo bíblico disso nós encontramos no livro de Daniel. Mesmo estando orando incessantemente, Daniel não recebia resposta. Depois de 21 dias buscando a face do Senhor, um anjo lhe disse: "Não temas, Daniel, porque desde o primeiro dia em que aplicaste o teu coração a compreender e a humilhar-te perante o teu Deus, são ouvidas as tuas palavras, e eu vim por causa das tuas palavras. Mas o príncipe do reino da Pérsia me resistiu por vinte e um dias. Então Miguel, um dos primeiros príncipes, veio para ajudar-me, e eu fiquei ali com os reis da Pérsia" (Dn 10:12,13). E tão grande foi a luta espiritual travada, que foi necessário o anjo pedir ajuda para poder vencê-la. Isto quer dizer que o príncipe que estava na Pérsia impedia que a resposta ou a bênção que Daniel estava esperando chegasse a ele.

A mesma coisa ocorre hoje. Existem principados, homens fortes que têm o domínio e tentam impedir por todos os meios que a obra de Deus seja realizada. Querem impedir as campanhas, colocar obstáculos aos que necessitam chegar a Jesus Cristo. Por isso, eles colocam todo tipo de barreira possível.

Devemos entender que a primeira coisa que se deve ganhar é a vitória nos céus, no ar, para logo em seguida vê-la refletida na terra. Portanto, temos de amarrar e expulsar os demônios, principados e potestades. Com a vitória ganha nos céus, na terra ela se tornará mais fácil, já que não haverá oposição do maligno. Por isso o apóstolo Paulo disse que a nossa luta não é contra a carne e o sangue. Lutamos contra as potestades, contra os principados, contra os governadores das trevas, contra as hostes espirituais da maldade nos lugares celestiais. É contra tudo isso que a Igreja luta.

Devemos entender claramente que existem diversas hierarquias espirituais, e devemos saber a quem estamos enfrentando. Temos de declarar guerra ao diabo. Devemos amarrar o homem forte, o príncipe das trevas, como disse Paulo em 2Coríntios 4:3: "Mas, se o nosso evangelho ainda está encoberto, para os que se perdem está encoberto, nos quais o deus deste século cegou os entendimentos dos incrédulos, para que não lhes resplandeça a luz do evangelho da glória de Cristo, que é a imagem de Deus".

Se o mundo não crê, é porque está influenciado, amarrado pelo espírito da incredulidade. Repreendamos esse espírito para que as pessoas creiam, para que esse demônio solte as mentes e a luz do evangelho de Cristo possa resplandecer na vida dessas pessoas.

Os espíritos imundos podem causar enfermidades?

Na Bíblia encontramos o caso da mulher encurvada. Jesus reconheceu que nela havia um espírito de enfermidade, e disse: "E não convinha soltar desta prisão, no dia de sábado, esta filha de Abraão, a qual há dezoito anos Satanás tinha presa?" (Lc 13:16). De acordo com esta passagem, vemos claramente que um espírito imundo pode causar enfermidade. Mas será que todas as enfermidades são causadas por demônios? Durante muitos anos acreditou-se que sim. Porém, na realidade, nem todas as doenças têm origem demoníaca. Podemos esclarecer e comprovar isto com a Bíblia.

Em Lucas 9:1 encontramos uma das tantas afirmações do Senhor Jesus acerca deste tema. Quando ele enviou os seus discípulos, deu-lhes poder e autoridade sobre todos os demônios, e também para curar enfermidades. Observemos um detalhe: o Senhor fez distinção entre os demônios e as enfermidades. Isto quer dizer que nem todas as enfermidades são causadas por demônios.

Cada vez que oro pelos enfermos, repreendo o espírito de enfermidade, mas também repreendo à própria enfermidade em si mesma. Um dia me convidaram para pregar em uma igreja em Buenos Aires. Ao concluir a pregação, quando chamei os enfermos para orar por eles, muitos se aproximaram. O Espírito Santo me disse: "Chame inicialmente os doentes com câncer". Assim eu fiz, e vieram ao altar umas dez ou doze pessoas. Quando orei por elas, repreendi o espírito de enfermidade: "Espírito de câncer, sai dessas vidas em nome de Jesus". Também disse: "Enfermidade de câncer, sai dessas pessoas". No momento em que repreendi o espírito de câncer, quatro daquelas pessoas caíram no chão estrebuchando e lançando espuma pela boca, mas foram libertas e curadas. Os que não caíram nem se moveram também testificaram que haviam recebido cura.

Deus é soberano! Nós, que pensamos que sabemos tudo sobre ele, não sabemos nada, porque ele é imenso. É um Senhor infinito, e nós somos tão-somente seus pequeninos servos. Aleluia!

Existem muitas causas de enfermidade. Nos capítulos seguintes explicaremos em que aspecto a falta de perdão está relacionada com ela. Setenta por cento das pessoas que têm problemas espirituais e que são levadas para o local de libertação durante as campanhas confessam que têm em seus corações ódio, rancor, ressentimentos e raízes de amargura. Estas são as maiores causas de enfermidade e opressão em suas vidas. Porém, a maioria recebe cura física e cura interior ao liberarem o perdão às pessoas a quem elas odiavam.

Examine seu coração e veja se você não está odiando ao seu cônjuge ou a outro parente qualquer, ou a um vizinho, ou a um colega de trabalho. O ódio e o ressentimento trazem conseqüências terríveis. Muitas vezes eles são causa de enfermidades que não sabemos de onde provêm. Não importa o motivo do ódio. Jesus perdoou a todos os seus inimigos e disse que nós também devemos perdoar. Não fazê-lo é permanecer em condenação e desobedecer à Palavra de Deus. O perdão não é um sentimento, é uma decisão. Se você quer perdoar, o Senhor o ajudará a fazê-lo.

Tenho orado por pessoas arruinadas por enfermidades que foram curadas ao término da oração em que confessaram que perdoavam a seus ofensores. É tremendo constatar como o poder restaurador de Deus opera através do perdão. Não deixe que o diabo se aproveite de seus sentimentos para produzir enfermidades em sua vida.

Autoridade para expulsar demônios

O Senhor Jesus afirmou que a Igreja tem poder e autoridade para repreender e expulsar demônios: "Em meu nome expulsarão demônios". Eles não são expulsos a socos e pontapés, nem fazendo com que a pessoa endemoninhada engula azeite.

A verdadeira missão do diabo neste mundo é matar, roubar e destruir. Devemos entender o que realmente estas palavras significam. O inimigo não vai deixar nunca de nos atacar até o Senhor nos levar definitivamente para sua companhia no céu. Esta é sua obra, sua meta. Mas Deus nos deu autoridade e nos capacitou, por meio do seu Espírito Santo, para desfazermos as obras do diabo em nome de Jesus.

Muitas vezes cremos que é Deus quem vai fazer tudo (e de certa forma isto é correto: ele é quem faz tudo), mas o Senhor nos deu a autoridade e o mandamento de continuar o obra que ele iniciou. Não podemos, portanto, orar por uma pessoa endemoninhada, dizendo: "Senhor, liberta esta pessoa". Pois o Senhor pode nos responder que já a libertou na cruz! Nós temos de nos apossar da autoridade que nos foi concedida e expulsar os demônios no nome de Jesus. Deus deu essa autoridade à sua Igreja, a todos os que crêem, não a um homem em especial. Isto é que temos de entesourar em nosso coração: a fé que nos dá autoridade.

Creio firmemente no que Jesus disse aos seus discípulos quando eles não puderam expulsar aquele demônio do jovem lunático. Eles lhe perguntaram: "Por que não pudemos nós expulsá-lo?". E Jesus lhes respondeu: "por causa da vossa pequena fé. Em verdade vos digo que, se tiverdes fé como um grão de mostarda, direis a este monte: Passa daqui para acolá, e ele passará. Nada vos será impossível". No entanto, também acrescentou: "Mas esta casta de demônios não se expulsa senão por meio de oração e jejum". (Mt 17:19-21).

Então, o que aconteceu? O Senhor caiu em contradição? Não, de maneira nenhuma. Ele nunca se contradiz. Quando alguém tem fé, remove montanhas. Mas quando a fé fraqueja, temos de buscar a face de Deus, porque a fé é um dom que provém dele. A fé não é um atributo humano, e sim um dom que vem do céu. Se você deseja obter fé, busque-a, porque Deus é "galardoador dos que o buscam".

Se você tiver uma fé poderosa, a fé que move montanhas, não haverá diabo que lhe possa resistir. Por isso, se você não se acha em condições de enfrentar o diabo, busque o poder de Deus por meio do jejum e da oração. Só assim Deus fará com que a unção desça sobre você e, conseqüentemente, você terá autoridade e poder sobre os demônios.

Necessitamos buscar urgentemente a Deus no tempo presente. A Igreja tem de buscar o poder, a unção e a graça do Senhor. É necessário buscá-lo na intimidade, de joelhos, derramando nosso coração, nossa alma, com lágrimas, para que ele nos capacite, nos unja e aumente nossa fé, de maneira que possamos fazer a obra dele como ele deseja. A maldade se multiplica, a ciência aumenta, e o homem está cada vez mais distanciado de Deus. Creio que a única maneira de aproximarmos os homens de Deus é por meio da unção e do poder do Espírito Santo. Mas isso só conseguiremos buscando ao Senhor.

Mas quem tem o poder na obra de Deus? Posso assegurar que todos os seus servos. Ainda que alguém pense: "Carlos, você tem mais poder que nós!", essa pessoa está muito enganada. Tal idéia não é verdadeira, e tenho comprovado isso mil vezes. Todos nós temos a mesma autoridade. Por quê? É simples. Durante muito tempo pedi a Jesus que me desse poder, e sabe qual foi a resposta de Deus? Ele me disse: "Já lhe dei poder". Mas não compreendi isso até que o Espírito me levasse à Palavra e me fizesse ler: "E estes sinais hão de seguir os que crerem...". Eu lhe disse: "Já li". E ele me respondeu: "Torne a ler". Quando li novamente, as letras pareciam estar iluminadas.

Deus me perguntou: "Você acredita em mim?". Respondi: "Sim, Senhor". Ao que ele disse: "O poder não se manifesta na sua vida porque lhe falta crer verdadeiramente em mim". Não é um jogo de palavras, mas uma coisa é acreditar em Deus e outra coisa é crer nele de todo o coração.

Portanto, esse é o segredo: crer em Deus. Ainda que você tenha apenas três dias de convertido, se tiver de agir pela fé, faça-o! Não tema! Confie em Deus! Se você está firme na Palavra, e a Palavra está em você, o poder de Deus está à sua disposição, porque Deus não faz acepção de pessoas. Alguns terão uma medida de fé maior, outros menor, mas Deus deu igual autoridade a todos nós para fazermos sua obra aqui na terra. Por outro lado, mesmo que você tenha quarenta anos no evangelho, se ainda enfrenta o diabo com temor, ele rirá na sua cara.

Comece a exercitar a fé todos os dias. O que é que faz um atleta? Ele se exercita todos os dias para que os seus músculos cresçam. O que acontece se ele não se exercitar todos os dias? Os músculos se atrofiarão. Com a fé ocorre a mesma coisa. Se você quer que sua fé cresça e se torne poderosa, você tem de colocá-la em prática a cada dia, exercitá-la, provar a Deus. E quando você constatar que o que ele diz na Bíblia se cumpre em sua vida, sua fé crescerá e se agigantará.

Certa vez uma mulher que tinha aceitado a Cristo apresentou uma mudança de vida tão extraordinária que atraiu um pai-de-santo até o local onde eu estava para que eu orasse por ele.

— Tenho cinco templos de umbanda — disse-me ele. — Sou um pai-de-santo famoso. Há muitas matérias nas revistas e nos jornais sobre mim. Muitas pessoas ricas e famosas me procuram em busca de ajuda.

Mas eu lhe respondi:

—Você está oferecendo a essas pessoas aquilo que você não tem nem para si mesmo. Você não tem paz, não tem felicidade, é um homem amargo, infeliz. Mas eu lhe garanto que conheço alguém que tem paz, felicidade e salvação para lhe dar agora. Ele lhe dará tudo isso e não lhe cobrará dinheiro nenhum. Só requer que você o confesse e reconheça como Senhor e Salvador de sua vida.

O homem aceitou a Jesus Cristo chorando, ele e sua esposa.

Quantos milhares de pessoas estão enganadas, e buscam a Deus onde ele não está! Somos culpados, pois conhecemos a verdade e a guardamos para nós. Tiremos essa verdade de dentro de nós e comecemos a proclamá-la nas ruas, nas esquinas, nas praças. Digamos a todos: "Jesus Cristo transforma o homem; ele é o único que pode mudar as vidas. Jesus Cristo é o único que pode curar. Jesus Cristo reconstrói os lares, ele dá a paz e a felicidade. É o único que pode nos dar a vida eterna. JESUS CRISTO É A VIDA!". Se não fizermos isto, o diabo continuará aprisionando as vidas em suas redes e levando para o inferno milhares a milhares de almas dia após dia.

Se a Igreja não trabalhar, as campanhas que são realizadas fracassarão. É verdade que não podemos obrigar as pessoas a participar das reuniões, mas você deve falar de Jesus, convidá-las e acompanhá-las ao lugar da reunião. Os que aceitam a Cristo o farão porque você os evangelizou primeiro. Nós simplesmente concluiremos o trabalho que você iniciou, colocando sobre elas o selo da salvação e libertação proporcionado por Jesus Cristo.

Paulo nos diz na Palavra de Deus: "A minha palavra, e a minha pregação, não consistiram em palavras persuasivas de sabedoria humana, mas em demonstração do Espírito e de poder" (1Co 2:4). Não foi com um discurso humano e sim com a demonstração do poder do Espírito Santo que Paulo pregou às pessoas. A fé daqueles que creram na pregação de Paulo não estava fundamentada na sabedoria de homens, e sim apoiada no poder de Jesus Cristo. Esses são os frutos que permanecem.

Quando comento esta passagem e digo que o evangelho não é questão de palavras e sim de poder, muitos respondem: "Mas a Bíblia diz: 'Bem-aventurados os que creram sem ver'". Mas Deus sempre responde em meu interior: "Diga-lhes que você me glorifica pelos que também creram vendo". Eu mesmo sou um dos que creram no evangelho porque vi. Se eu não tivesse visto, não teria crido. E sei que muitas pessoas são assim.

Durante uma campanha que durou 45 dias na cidade de San Justo, Buenos Aires, um homem trazia a sua esposa para a cruzada toda noite, mas ele mesmo não se aproximava. Em um dos últimos dias, após deixar a esposa diante do local da reunião, o homem começou a passear com o seu cãozinho nas imediações do lugar onde o culto estava sendo realizado. Em dado momento ele colocou o animal sobre o capô do carro. Quando comecei a oração final, eu disse: "Toca, Jesus", e o cãozinho caiu imediatamente de cima do capô do carro no chão, com as patas para cima. Como aquele homem amava muito o animalzinho, ele pensou que o bicho tivesse morrido. Enquanto isso, eu continuava minha oração. Em determinado momento eu disse: "Levanta-te e anda". Imediatamente o cachorrinho levantou-se e começou a sacudir a cauda, olhando para o seu dono. O homem agarrou o cachorrinho e veio correndo e chorando até a plataforma para aceitar Jesus. Aquele sinal tinha sido suficiente para ele.

Deus se manifesta de diversas maneiras e por diferentes métodos com o objetivo de que as almas o conheçam. Muitas vezes nós somos usados como seus instrumentos. A Bíblia diz que todos recebemos a unção do Espírito Santo, mas, se a usaremos ou não, dependerá de nós. Devemos dar liberdade a Deus para que ele use em nós o seu poder.

Capítulo 6

Os endemoninhados

"Jesus me resgatou do inferno"

Minha história começou em um domingo de 1982. Enquanto almoçava, senti como se alguém furasse os meus olhos, e isso me doeu terrivelmente. Parecia que eu tinha areia dentro das minhas pálpebras. Fui a diversos médicos oftalmologistas, mas eles não encontraram nenhuma enfermidade nos meus olhos. Porém, minha visão diminuía a cada dia. A própria luz do sol começou a me incomodar, e um mês após eu haver sentido aquele primeiro sintoma, perdi completamente a visão.

Em meio ao desespero, consultei um pai-de-santo que me disse que, com a ajuda de Deus, ele devolveria a saúde dos meus olhos. Naquele momento eu não sabia que o deus a quem ele estava se referindo era Satanás.

Acreditei e segui ao pé da letra as orientações daquele homem. Ele pediu que minha mãe providenciasse uma galinha branca, mel e quatro velas brancas. Voltei ao terreiro levando o que ele pedira. Lá eles me vestiram com uma roupa branca, e em seguida deram-me o que eles chamam de "'banho de sangue". Envolveram minha cabeça com um pano branco, degolaram a galinha e despejaram o seu sangue por todo o meu corpo. Eu não sabia nem me interessava pelo que estava acontecendo ali comigo. Só queria recuperar minha visão, e para isto estava disposta a fazer qualquer coisa.

Voltei para casa com o compromisso de regressar no dia seguinte. E assim o fiz. Quando cheguei lá, eles colocaram mel sobre minha cabeça e me deram um banho de ervas que haviam sido previamente preparadas. A partir dali comecei a recuperar a visão. O sol já não mais me incomodava, e comecei a confiar naquelas pessoas.

Porém, poucos dias depois observei que estava perdendo a memória. Cheguei ao ponto de não saber mais onde estava. Eu me perdia quando saía de casa, e isso me aterrorizava. Por isso certo dia regressei para ver o pai-de-santo. Ele me disse que eu tinha de realizar outro trabalho, porque alguém havia feito bruxaria para me tornar louca. Depois que realizamos esse outro trabalho, voltei a me sentir bem.

Algum tempo depois resolvi trabalhar com aquele pai-de-santo, mas minha mãe se opôs porque eu só tinha 14 anos.

Mas eu não lhe obedeci e continuei trabalhando com o pai-de-santo assim mesmo. Os meses foram passando e eu me sentia cada vez mais amarrada a tudo aquilo. Todos os dias fazíamos diferentes trabalhos de umbanda e bruxaria. Aprendi tudo sobre santos, orixás e exus. Aprendi o significado das diferentes cores nos trabalhos da umbanda, como se preparavam as bandejas para as oferendas, que velas deveriam ser usadas, de que cor e que quantidade. Mais tarde explicaram-me tudo sobre os índios caboclos (uns bonecos negros), que cigarros deveriam ser dados para que eles fumassem comigo e muitas outras coisas que eu prefiro não lembrar.

Com o passar do tempo, o relacionamento amigável que me unia ao pai-de-santo acabou e eu me separei definitivamente dele. A partir dessa ruptura, meu estado físico e espiritual se tornou catastrófico. Conseqüentemente, comecei a participar de sessões com um parapsicólogo, até que, depois de alguns trabalhos, senti-me bem outra vez.

Em 1987 consultei um médico que me diagnosticou tosse convulsa. Deram-me medicamentos, mas, em vez de eu ficar curada, piorei. Tudo o que eu comia, vomitava. Tinha sensações de sufocamento durante alguns instantes. Parecia que eu estava morrendo. Em dois de dezembro daquele mesmo ano, internaram-me com pneumonia. Eu estava muito fraca e permaneci internada por dezoito dias.

Alguma coisa dentro de mim me falava constantemente. Eu sentia que me perseguiam, ouvia ruídos estranhos, via algo que caminhava ao redor de minha cama e me aterrorizava. Eu não tinha em quem confiar. Quando contava às pessoas o que me acontecia, elas riam e zombavam de mim. Achavam que eu estava louca. Minhas forças desfaleciam.

Até que em um domingo minha família me levou para assistir à campanha que o irmão Carlos Annacondia estava realizando em Buenos Aires. Quando o irmão Carlos começou a orar e a repreender os demônios, eu caí sobre o gramado. Imediatamente me levaram para a tenda de libertação. Fui para lá me debatendo, mordendo e dando socos nos obreiros que estavam me conduzindo. Na segunda noite em que assisti ao trabalho, levaram-me de novo para a tenda de libertação e ali oraram por mim. Naquele momento eu vomitei pedaços de víboras e sapos e finalmente fui liberta.

Hoje, dou graças a Deus pelo seu infinito amor e misericórdia. Agradeço ao meu pastor que me orienta no caminho de Nosso Senhor Jesus Cristo. Agradeço à minha família que teve de me suportar durante todo o período em que eu vivi nas garras de Satanás. Libertei-me de todos os meus amuletos, colares e bonecos de bruxaria. Hoje sou realmente uma nova criatura, fiel a Jesus, que me resgatou do inferno em que eu vivia.

Patrícia, Don Torcuato, Argentina.

Campanha após campanha, centenas de pessoas se manifestam demoniacamente. Cada dia, antes de pregar a Palavra de Deus, eu oro repreendendo a todo espírito maligno que queira confundir e colocar obstáculo nas mentes para que as pessoas não escutem a mensagem do evangelho.

Devido ao fato de o diabo não suportar ouvir o nome de Jesus, durante a oração escutam-se muitos gritos entre as pessoas. Imediatamente dezenas de obreiros correm na direção das pessoas que começam a se sacudir e a gritar até perder o controle e cair no chão. Os irmãos que atuam nessa função têm a autoridade de repreender a Satanás e fazer com que ele se cale. Em seguida eles transportam as pessoas endemoninhadas até o local onde receberão oração e serão libertas pelo poder de Jesus Cristo.

Muitas vezes percebo, pelos olhares das pessoas, quem é que está dirigindo e governando suas vidas, quem é o rei dos seus corações, porque os olhos expressam muito mais do que imaginamos. Os olhares dos oprimidos pelo diabo são fixos; as expressões faciais são duras e refletem resistência à oração. Ao contemplá-las, sinto que um ser estranho está naquelas vidas usurpando, resistindo, ferindo, blasfemando e destruindo algo que não lhe pertence. Mas Deus nos deu autoridade para expulsarmos os demônios da vida das pessoas.

Em minha igreja, quando eu era novo convertido, se um endemoninhado se manifestasse, todos nós entrávamos imediatamente em guerra contra o demônio. Tanto o pastor como os diáconos repreendiam o diabo, gritando todos ao mesmo tempo. Agora pense o que aconteceria se você trabalhasse em uma fábrica e viesse o diretor, ou vice-diretor, ou o gerente, ou o subgerente, ou encarregado de produção e o chefe de sessão e lhe dissessem: "Não, não, não, faça desta maneira e não desta outra... Não, é melhor fazer assim!". Certamente você olharia para eles e lhes diria: "Perdoem-me, mas antes entrem em acordo, e um de vocês diga exatamente como é que eu tenho de fazer esta tarefa, por que se vocês me dão ordens todos juntos e de maneira diferente, eu não vou obedecer a nenhum".

O diabo está sujeito à autoridade e, se eu repreendo o diabo e você o repreende junto comigo, nós dois tiramos a autoridade um do outro e entramos numa espécie de disputa. Se eu digo: "Diabo, em nome de Jesus vai-te embora daqui" e aquele que está do meu lado também diz, ele não irá. Deus me ensinou que essa era uma das razões pelas quais nós passávamos dias inteiros gritando e não acontecia nada. Eu gritava porque queria expulsar o diabo. O outro irmão também gritava porque queria a mesma coisa. Sem refletir bem, nós estávamos disputando mutuamente a autoridade, e o diabo com isso estava era rindo-se de nós.

Como é que devemos, portanto, atuar nessa situação? Acima de tudo, devemos respeitar a autoridade dos nossos irmãos. Um ora e o restante o apóia. Quando o primeiro se cansa, passa a autoridade a outro para que ele continue a oração, e o que está cansado por sua vez passa a apoiá-lo em oração. Então o diabo, que está sujeito à autoridade, tem de obedecer, mas, se gritarmos todos juntos, o diabo não obedecerá.

Lembro-me de que, quando as pessoas endemoninhadas compareciam à reunião, nem sempre ficavam completamente livres. No dia seguinte acontecia a mesma coisa. Elas gritavam, jogavam cadeiras para o alto, blasfemavam, debatiam-se. Mas hoje, quando eu vejo que uma pessoa é levada três vezes à tenda de libertação, eu pergunto porque será que aquela pessoa ainda não foi liberta. Isto costuma ocorrer quando a pessoa não quer ser liberta. Então o conselheiro pode gritar repreendendo o diabo durante toda a noite e nada acontecerá. Você não pode entrar em uma casa onde não o convidam ou não lhe abrem a porta. Existem pessoas que não reconhecem que estão amarradas e, portanto, Deus nunca irá chocar-se contra o seu livre-arbítrio. São elas que devem colocar-se na condição de ser liberta.

Porém, quando alguém manifesta o desejo de alcançar libertação, deve ser liberto imediatamente. Não há por que entrar tantas vezes na sala especial. Porém, se isto está acontecendo, é porque alguma coisa está errada. Lembro-me de que durante certa campanha, um irmão me perguntou:

— O senhor se lembra de mim?
— Não, não me lembro — respondi.
— Eu sou aquele que foi levado diversas vezes para a tenda de libertação na cidade de San Martín.

Hoje, dou glória a Deus porque isso deixou de acontecer. Ele nos ensinou muitas coisas. Os ensinamentos do Senhor são práticos e eficazes, úteis o suficiente para que nosso trabalho se torne frutífero e as pessoas recebem e desfrutem da liberdade de Cristo, sem muito ruído, sem muito escândalo. O importante é trabalharmos com sabedoria e com amor de Deus, e usarmos muito bem da nossa autoridade. Essa autoridade está apoiada no nome de Jesus. Você diz: "DIABO, SAI AGORA NO NOME DE JESUS", e a pessoa fica livre para a glória de Deus.

Durante uma campanha que realizamos em um bairro de Buenos Aires chamado La Boca, terminei de pregar e uma conselheira se aproximou de mim, dizendo:

— Venha irmão, venha. Na tenda há um endemoninhado que diz ser Belzebu. O irmão deve ir lá para expulsá-lo.

Então, eu respondi:

— Na Bíblia está escrito: "Estes sinais hão de seguir os que crerem: em meu nome expulsarão demônios". Portanto, a irmã tem toda autoridade contra Satanás e contra todos os demônios.

— Eu, irmão? — ela me perguntou, vacilante.

— Sim, a irmã — insisti. — Diga a Belzebu que vá embora desta vida em nome de Jesus.

A irmã voltou para o local onde estava o endemoninhado e poucos minutos depois regressou para me dizer:

— Irmão, deu resultado. A pessoa está liberta agora.

Glória a Deus. O poder está NO NOME DE JESUS. Ele estava com aquela irmã e está com você. Jesus está conosco. Se nós crermos nele, teremos autoridade contra o poder das trevas.

Mas é necessário dependermos inteiramente de Deus. Muitas vezes o Espírito Santo nos revela algo que não sabíamos. Esse dom de discernimento que pertence ao Espírito permite que ele se manifeste quando você lhe diz: "Senhor, o que está acontecendo?" E se

Deus revela é porque ele quer que nós tenhamos vitória. Mas também deseja que aprendamos a depender dele.

O diabo pode apossar-se de um membro de uma igreja? Muitos dizem que não, que isso não é bíblico, que isso não pode acontecer... Jesus disse à mulher encurvada: "Essa filha de Abraão...". Ele a reconheceu como filha de Deus, alguém que cria em Deus, mas tinha um demônio. Porém, cremos que um cristão cheio do Espírito Santo, que vive conforme a vontade de Deus e não pratica o pecado, não pode ficar endemoninhado nem emaranhar-se em problemas de natureza espiritual.

> Sabemos que todo aquele que é nascido de Deus não vive pecando; antes o guarda Aquele que nasceu de Deus, e o maligno não lhe toca (1Jo 5:18).

Mas aquele que vive em pecado, seja ou não membro ou líder de uma igreja cristã, abre a porta para o diabo. Entre trinta e quarenta por cento das pessoas com problemas espirituais que receberam ministração durante as nossas cruzadas são membros de igrejas evangélicas. Quando oramos por elas, eu não paro para perguntar ao Senhor por que, e sim ministro a bênção e a libertação de Deus diretamente em suas vidas.

O Senhor me chamou para ajudar as pessoas a se tornarem livres, a estabelecer uma comunhão perfeita com ele. Mas talvez você pergunte como o demônio entrou nessas vidas. Essa pergunta tem sua razão de ser, pois devemos saber a resposta para fechar as portas e lançar fora a Satanás, a fim de que ele não volte mais para entrar e atormentar essas vidas. Na maioria dos casos esses problemas espirituais são originados da velha vida pecaminosa, de pactos não quebrados, de medo, ciúmes, ódios, rancores, amarguras, desvios sexuais. Todas essas práticas, todos esses sentimentos resultam em algemas que não nos deixam desfrutar plenamente a vida espiritual. A alegria, a liberdade devem dominar essas vidas e esses corações. O Senhor diz que ele abençoará o seu povo com a sua paz.

Existem duas maneiras de se viver a vida cristã: em vitória ou em derrota. Essas duas maneiras dependem muito das pessoas. Se elas ocultam suas fraquezas, seus problemas e não os confessam diante de Deus para receber ajuda dele e para terem as correntes quebradas em suas vidas, nunca desfrutarão de uma vitória duradoura. "Enquanto me calei, envelheceram os meus ossos pelo meu bramido o dia todo" (Sl 32:3).

Certa noite, durante uma cruzada, cada vez que eu repreendia o diabo da plataforma, via-o manifestar-se numa mulher que se sacudia com movimentos muito fortes. Em seguida, sempre acontecia a mesma coisa: ela era levada para o local onde estavam os obreiros ministrando a libertação, mas saía do mesmo jeito. Os conselheiros comentaram que ela há algum tempo havia aceitado ao Senhor, mas estava com vergonha de ir à igreja.

Na noite seguinte, quando a mulher começou a sacudir-se e a gritar, o Espírito Santo colocou em meu coração a palavra "aborto". Ele estava me revelando algo a respeito da vida daquela mulher. Finalmente, eu me aproximei dela e lhe disse: "Você praticou um aborto e não o confessou; não se arrependeu ainda. Confesse-o e se arrependa, e Deus a perdoará". Naquela noite ela confessou, chorando, ter praticado cinco abortos. Pediu perdão aos gritos a Deus e encontrou libertação para sua vida. Deus não só a libertou, mas naquela mesma noite ela recebeu também o dom de falar em novas línguas.

O homem compõe-se de três partes

O homem se compõe de espírito, alma e corpo. Vejamos alguns detalhes de cada um deles.

Espírito

A Palavra de Deus nos diz que o espírito é como o vento:

> O vento sopra onde quer, e ouves a sua voz, mas não sabes de onde vem, nem para onde vai. Assim é todo aquele que é nascido do Espírito (Jo 3:8).

Deus deu a cada um de nós individualmente um espírito, que é o centro da vida da pessoa. O espírito é o que diferencia o homem das demais criaturas viventes. Esta esfera do homem é a que recebe as manifestações divinas:

> Mas é o espírito do homem, o sopro do Todo-poderoso que lhe dá entendimento (Jó 32:8).

Alma
A alma é formada pela mente (psique), as emoções (sentimentos) e a vontade.

> A alma que pecar, essa morrerá (Ez 18:4).

Corpo
O corpo é composto por cinco sentidos: audição, visão, paladar, tato e olfato. E aqui surge uma grande pergunta: Afinal de contas, quem peca? A alma ou o corpo? O corpo é nossa parte visível, mas a alma é que decide por meio da vontade. A carne reflete os desejos da alma. Podemos entender isso melhor lendo 2Samuel 11:2:

> Uma tarde, levantou-se Davi do seu leito, e andava passeando no terraço da casa real. Do terraço viu uma mulher que se estava lavando. Era esta mulher mui formosa.

Muitas vezes eu tenho ouvido alguém dizer: "Bem, o fato é que a carne peca", tentando com este comentário amenizar o pecado. Davi viu Bate-Seba, mas não pecou por tê-la olhado. Por acaso pecamos quando vemos uma mulher bonita, ou escutamos uma doce voz feminina? Creio que os sentidos do corpo ou da carne são como um sensor que transmitem informações à alma. Se Davi tivesse olhado para Bate-Seba e tivesse continuado passeando, não teria caído no pecado em que caiu. Mas Davi, parou, desejou a mulher, cobiçou-a e enviou alguém para buscá-la: "Então Davi enviou mensageiros para trazê-la. Ela veio, e ele se deitou com ela" (2Sm 11:4).

Nesse momento atuaram os sentimentos de Davi, suas emoções, sua vontade, toda a sua alma. E em seguida ele consumou o pecado. Creio que os sentidos não podem decidir; a alma é que faz isso e materializa o pecado. A carne executa somente os desejos da alma.

> Digo, porém: Andai no Espírito, e não satisfareis à concupiscência da carne. Pois a carne deseja o que é contrário ao Espírito, e o Espírito o que é contrário à carne. Estes opõem-se um ao outro, para que não façais o que quereis (Gl 5:16,17).

Esta forte oposição deve-se ao fato de que o Espírito deseja agradar a Deus, e a alma e a carne se opõem a isso: "A inclinação da carne é inimizade contra Deus, pois não é sujeita à lei de Deus, nem em verdade o pode ser" (Rm 8:7).

Entregues ao Espírito Santo

Existem dois riscos que cada crente corre em sua vida. O primeiro é crer que tudo é *demônio;* desta maneira desviamos os olhos do alvo, que é Jesus Cristo. O segundo risco é crer que estamos totalmente imunes às ciladas de Satanás e que a única coisa que ele poderia fazer contra nós seria nos oprimir. Pensando assim, não nos importamos mais com o pecado nem com a nossa maneira de viver. Neste caso todos nós nos descuidamos e damos ao diabo a oportunidade de ele exercer o controle sobre nós. Cremos que basta ignorá-lo para mantê-lo distanciado de nossa vida. Mas não devemos nos deixar enganar dessa maneira, pois isso é mais uma das artimanhas de Satanás, e uma das mais comuns.

Quero explicar mais a respeito deste assunto. Como é que um crente pode ter problemas espirituais? Alguns dizem que onde o Espírito Santo está não pode haver problemas gerados pelo diabo. É verdade, mas não devemos esquecer que o homem é composto de corpo, alma e espírito. O Espírito Santo habita no espírito do homem, porque diz a Palavra de Deus que o Espírito de Deus vem e torna-se um só com o espírito do homem. E é nesse ponto onde o Espírito Santo passa a governar as esferas de nossa vida: emoções, sentimentos e vontades. Deus ocupa todo o lugar que nós lhe damos. Mas há aspectos de nossa vida que demoramos anos para entregar ao Espírito Santo.

Quando é que alguém está cheio do Espírito Santo? Quando ele governa todas as esferas da nossa vida. Então podemos dizer que a pessoa está cheia do Espírito Santo e os seus frutos demonstrarão isto. Alguém que já entregou suas emoções, seus sentimentos e sua vontade a Cristo demonstra ou expressa claramente o amor que existe dentro dele. Mas não é sempre assim, por que existem pessoas que não entregam totalmente as esferas de sua vida ao Espírito Santo, e eu posso garantir que o Espírito Santo não entrará em luta com essas pessoas para tentar governar as esferas que não lhes foram entregues declaradamente.

Se uma esfera não está nas mãos de Jesus, vai estar nas mãos de quem? Que pergunta! Entendo que Satanás pode governar partes de nossa alma se nós o permitirmos que ele o faça, e é aí que se travará a luta, porque o Espírito Santo luta com a pessoa com relação ao seu livre-arbítrio. Quando, o Espírito Santo tem todo o nosso ser em suas mãos, ele pode governar nossas emoções, nossos sentimentos e nossa vontade. Portanto, se existem aspectos de nossa vida que não foram ainda entregues a ele, devemos fazê-lo imediatamente.

Vamos a um exemplo: o temperamento. Devemos dizer ao Senhor: "Senhor, olha para o meu temperamento; eu não quero irar-me! Espírito Santo, toma a minha ira, eu renuncio a ela, renuncio ao ódio em nome de Jesus!". De maneira que, se dissermos ao Espírito Santo que queremos que ele governe essa parte da nossa vida para que possamos ser cheios do poder e do amor de Deus, ele o fará.

E, finalmente, devemos ser firmes em nosso propósito de fidelidade a Deus. É o final simples de todo discurso: "Teme a Deus, e guarda os seus mandamentos, pois isto é todo o dever do homem" (Ec 12:13). Uma vez que tivermos feito isto, o diabo irá para bem longe de nós. E nossa casa ficará cheia da presença de Deus.

O diabo anda pelas ruas dizendo: "Onde eu devo entrar hoje?". Ele passa por uma casa e ali estão escutando *rock* ou assistindo a programas imorais de televisão. Então ele diz: "Ah, aqui eu posso entrar". E faz um verdadeiro estrago naquela casa. Mas o que acontece quando ele passa por uma casa e a música que se escuta é genuinamente evangélica, e as pessoas que moram ali estão falando sobre as coisas de Deus, estão meditando na sua Palavra? O diabo foge correndo, principalmente se ouvir as pessoas cantando, dando glórias a Deus, orando, buscando a presença do Senhor. O diabo irá para bem longe e dirá: "Aquele lugar não é para mim", e continuará procurando lugares onde ele possa entrar e exercer o seu domínio. Portanto, devemos encher a nossa vida e o nosso lar de Jesus Cristo. "E NÃO DEIS LUGAR AO DIABO" (Ef 4:27).

Lembre-se disto: Se uma pessoa tem problemas espirituais, é porque ela abriu a porta para o diabo. Nós temos de saber qual é o problema dessa pessoa para podermos atuar na sua origem, romper as correntes e ordenar ao espírito imundo que saia daquela vida. Em seguida devemos fechar tal porta para que nunca mais o diabo torne a entrar naquela vida para destruí-la. Mas, para fazermos isto, temos de usar constantemente o conhecimento que Deus nos dá por meio das Escrituras e exercitar também a autoridade do Espírito Santo.

Capítulo 7

A libertação espiritual

Em cada noite de campanha se apresentam diante de mim centenas de homens, mulheres e crianças que, após alguns momentos de oração, começam a expressar diferentes manifestações que são identificadas como demoníacas. Talvez essas pessoas tenham sido amarradas por Satanás por meio da magia, do espiritismo, da macumba e das falsas doutrinas. A libertação espiritual das pessoas é necessária para que suas vidas fiquem livres da escravidão satânica. A melhor maneira de socorrermos uma pessoa amarrada por Satanás é manifestando-lhe nosso amor, "não acariciando os demônios", mas sim expressando compaixão pelas almas.

Todas as pessoas que um dia emprestaram suas mãos para que fossem lidas ou tentaram saber alguma coisa do seu futuro por meio de alguma vidente devem receber a ministração da autoridade do Espírito Santo, mesmo que em momento algum tenham manifestado a presença de espíritos malignos de forma visível em suas vidas. Talvez elas não estejam endemoninhada mas sim oprimidas, atormentadas pelo diabo. No caso de haverem feito pactos com o inimingo, devemos trabalhar para cortar e romper esses pactos mediante a autoridade e o poder do nome de Jesus Cristo.

Um dos temas que temos de enfrentar durante as reuniões e para os quais devemos preparar os conselheiros é a ministração a homossexuais, que compareçem às campanhas necessitando de aconselhamento e de um encontro de poder, libertação e salvação com Jesus. Certa vez, durante uma reunião em uma localidade da Argentina, um jovem começou a gritar no meio da multidão, proferindo blasfêmias contra Deus. Alguns dias depois ele participou de outra de nossas campanhas, mas dessa vez pediu para contar o que Deus havia feito em sua vida. Eis aqui o seu relato:

> Desde os quinze anos comecei a me envolver com o homossexualismo. Passei a viver com um rapaz, e até levei-o para morar comigo na casa dos meus pais. Daquele momento em diante o meu lar se transformou em um verdadeiro inferno. Não se podia viver ali. Minha mãe não saía para a rua porque sentia vergonha dos vizinhos e caiu em uma profunda depressão que a levou à morte. Meu pai, por sua vez, começou a beber muito e tornou-se um alcóolatra. Nenhum dos dois queria saber de mim.
>
> Em seguida eu deixei o lar, abandonei aquele rapaz e tentei também abandonar a vida do homossexualismo, mas não consegui. Resolvi então tornar-me um travesti e continuei nesse caminho. Foi nessa época que comecei a relacionar-me com outros homossexuais. O tempo passou e minha vida piorou cada vez mais. Eu me vestia de mulher e me prostituía, tentando desta forma ganhar dinheiro.
>
> Mas meu corpo adoeceu e os médicos nada puderam fazer para me curar. Uma enfermidade no sangue começou a me destruir. Esse mal resultou em outra enfermidade reumática crônica que deformou minhas costas, entortou completamente a minha espinha e deslocou também a minha perna do lugar. Minha visão começou a diminuir e eu quase fiquei cego. Os médicos não acertavam um tratamento adequado

para mim e me aplicavam várias vacinas, sem nenhum resultado. Dia após dia eu piorava.

Depois de nove anos de padecimentos, comecei a visitar curandeiros e bruxas na esperança de encontrar cura para o meu corpo, mas tudo continuou igual. Enviei, inclusive, minha fotografia aos feiticeiros mais famosos de outros países, mas eles nada puderam fazer por mim.

Depois de muito sofrimento, certa noite decidi matar-me. Saí de minha casa e comecei a caminhar até a estação de trem. Minha intenção era jogar-me debaixo de um deles. Mas no caminho um amigo me viu e me disse: "Por que você não vem comigo para ver um louco falar sobre Jesus?". Então eu, irado, respondi que deixassem Jesus em paz, pois ele estava morto e eu não iria àquele lugar para ouvir alguém falar sobre um morto. Mas aquele amigo continuou a insistir até que me levou quase à força.

Posicionei-me diante da plataforma e, quando o evangelista Carlos Annacondia começou a pregar, pus-me a gritar, dizendo-lhe estas e muitíssimas coisas mais: "Deixe Deus em paz. Se o inferno existe, mostre-me onde ele está". Mas o irmão Carlos continuou pregando até o final da reunião. Quando desceu da plataforma para orar pelas pessoas, uma amável conselheira levou-me até ele e eu lhe disse: "Eu não creio em Deus. Se você pode fazer alguma coisa por mim, faça agora, pois não sei se haverá outra oportunidade". Ele olhou para mim, riu e respondeu: "Não desafie a mim. Desafie a Deus". Em seguida abraçou-me e foi embora.

Ao voltar para minha casa com o meu amigo, algo diferente começou a acontecer. Alguma coisa em meu interior estava mudando. Quando abri a porta e fui buscar uma Bíblia com que haviam certa vez me presenteado, saí para o pátio da casa, ajoelhei-me chorando e disse: "Jesus, se tu realmente existes, ajuda-me, porque não posso mais viver desta forma. Se realmente tu existes, eu entrego a minha vida a ti". Imediatamente um fogo desceu do céu e me envolveu. Os meus olhos começaram a enxergar nitidamente, minha coluna se endireitou e minha perna voltou à posição normal. Mas os milagres não terminaram aí, pois Deus me libertou da homossexualidade e do travestismo. Atualmente congrego em uma igreja e prego o evangelho de Jesus Cristo.

João, província de Buenos Aires, Argentina.

Na minha opinião, o homossexualismo não é uma enfermidade, e sim um espírito imundo que se apossa das pessoas. Em Levítico 18:22 está escrito: "Com homem não te deitarás, como se fosse mulher; é abominação". O homossexualismo e outras práticas fazem parte de uma lista de abominações, tais como relações sexuais entre parentes próximos, adultério, oferecimento dos próprios filhos em sacrifício aos ídolos, relações sexuais com animais. Deus enfrentou com severidade essas práticas porque elas destruíam a vida da sociedade, da família e da própria pessoa. Ele condena claramente toda prática homossexual tanto no homem como na mulher:

> Pelo que Deus os abandonou às paixões infames. Até as suas mulheres mudaram o uso natural, no contrário à natureza. Semelhantemente, também os homens, deixando o uso natural da mulher, inflamaram-se em sua sensualidade uns para com os outros, homem com homem, cometendo torpeza, e recebendo em si mesmos a penalidade devida ao seu erro (Rm 1:26,27).

Se o homossexualismo fosse uma enfermidade, Deus não o condenaria. Mas, por meio dessas passagens, vemos que é pecado perante os olhos do Senhor. Um grande percentual de pessoas que transitaram pela vida homossexual e receberam libertação de Deus confessaram que enveredaram por esse caminho a partir de tristes experiências, como violências e abusos sexuais na infância. E muitas vezes caíram nessa situação depois que seus pais os amaldiçoaram, quando os chamaram de "mulherzinha", "bicha" ou "sapatão", tentando ofender ou menosprezar, sem saber que no final das contas a criança se tornaria escravizada pelas práticas homossexuais. Porém, quando Jesus entra na vida dessas pessoas, o espírito imundo sai e a pessoa fica livre. Quando isto acontece, nenhuma delas necessita de nenhum outro tipo de tratamento.

Se você conhece alguém que esteja nessa situação, apresente-o a Cristo. Ele pode dar liberdade a essa pessoa. Jesus veio ao mundo para buscar o que se havia perdido. Entre eles se encontram eu, você e os homossexuais. Ele ama os homossexuais tanto quanto ama a você e a mim. É muito importante que eles saibam que existe alguém que os ama com amor verdadeiro. Alguém que pode transformar suas vidas, e que essa pessoa é Jesus. Eles necessitam constantemente de ouvir isto, pois sofrem o peso amargo da discriminação e do desamor todos os dias.

Um relato também de grande impacto foi dado durante uma das campanhas que realizamos em Beccar, província de Buenos Aires. Diante de cinco mil pessoas, um rapaz se expressou corajosamente desta maneira:

> Meu nome é Luís. Eu era homoxessual, um travesti desde os doze anos de idade. Vestia-me de mulher e sentia atração pelos homens. Durante muitos anos entreguei-me à prostituição e nunca havia revelado a ninguém minha verdadeira identidade. Certa vez aproximei-me de um ajuntamento evangélico, parei para ouvir o que eles estavam pregando, mas nenhuma mudança aconteceu em mim, ainda que naquela noite Deus me tenha curado de uma sífilis para a qual eu buscava a cura há muito tempo, sem ter obtido resultado antes. Essa cura levou-me a crer em Deus. Porém, logo em seguida fui arrastado a uma situação de muito maior tentação, até que consegui forças para voltar a participar de um trabalho evangélico. Era uma campanha que estava sendo realizada pelo irmão Carlos Annacondia.
>
> Na primeira noite, quando o pregador começou a orar, eu caí no chão. Quando recuperei os sentidos, vi que estava no local utilizado para trabalhos de libertação. A conselheira que me atendeu perguntou meu nome, e eu lhe respondi: Luís.

Isto foi uma grande surpresa para mim mesmo, pois eu nunca havia revelado a ninguém meu nome verdadeiro. Sempre usava pseudônimos relacionados ao homossexualismo. Naquela noite, ajudado pela conselheira, renunciei a todo espírito de homossexualidade e confessei ao Senhor todos os meus pecados. Daquele momento em diante minha vida mudou completamente.

No dia seguinte, fui pela primeira vez a um salão de cabeleireiros e cortei o cabelo e as unhas. Durante as noites seguintes participei dos cultos, e sempre que oravam eu caía no chão. E todas as vezes me levavam para a área de aconselhamento e libertação, até que finalmente senti-me completamente liberto. Pela primeira vez encontrei minha verdadeira identidade, senti-me homem. O timbre de minha voz, meus modos e até a forma de sentar-me mudaram. Aconselharam-me a queimar a roupa feminina que havia sido minha, e assim eu o fiz. Daquele dia em diante realmente tudo mudou. Não me sinto mais incomodado diante do sexo oposto, e realmente posso olhar para as mulheres. Sinto-me livre, tive um encontro com Deus e ele passou a habitar no meu coração.

A maioria das pessoas que cai no tenebroso mundo do homossexualismo afirma que fazem pactos satânicos pedindo que os homens que se aproximarem delas fiquem apaixonados por elas. O mesmo demônio que as lançou no pecado as afundará mais e mais, confirmando pactos que atam suas vidas de tal maneira que conduzem muitas delas ao suicídio. Quando essas pessoas chegam às nossas reuniões e são levadas para o lugar de libertação, contam aos conselheiros casos terríveis e até difíceis de se acreditar. Essas pessoas necessitam de libertação espiritual para se tornarem completamente livres e poderem romper com esses pactos estabelecidos com Satanás. Portanto, a Igreja de Jesus Cristo deve estar preparada para orientar essas pessoas sobre como mudar suas vidas e passar a seguir o caminho de paz, de verdade e de justiça estabelecido pelo Senhor.

Sete passos para a libertação espiritual

Como Igreja, devemos preparar-nos para repreender e expulsar espíritos demoníacos e aconselhar em seguida a pessoa liberta. Como devemos proceder quando estivermos frente a frente com um endemoninhado? Como devemos agir e qual deve ser a nossa atitude? Devemos considerar os sete passos a seguir quando enfrentarmos uma manifestação de possessão demoníaca. Usar esses sete passos é muito importante.

1. Certificar-se de que está diante de uma possessão demoníaca

Este primeiro passo é realizado observando-se as reações dos possessos. A possessão se exterioriza por meio destas possíveis manifestações:

- Bloqueio da mente da pessoa
- Reações violentas: socos, pontapés, etc.
- Blasfêmias
- Incoerência ao falar
- Sensações de sufocamento
- Olhar de ódio, vidrado e perdido
- Contorsão claríssima de alguma parte do corpo
- Vômitos
- Gritos descontrolados

Todas essas manifestações ocorrem enquanto nós repreendemos ao demônio no nome de Jesus. Se observarmos algumas dessas expressões ou movimentos, devemos tomar para nós a autoridade de Jesus Cristo e atar o demônio, dizendo: "Eu te coloco debaixo da autoridade do nome do Senhor Jesus". Tanto o espírito humano como o demônio estão sujeitos à nossa autoridade se nós declararmos isto no nome de Jesus. Se uma pessoa estiver caída no chão e não abrir os olhos, você deve falar ao espírito humano, dizendo-lhe: "Abra seus olhos no nome de Jesus", e a pessoa os abrirá. Quando a pessoa possessa não quer nos atender ou não quer falar, ordene isto: "Espírito humano, torne a tomar o controle do seu corpo no nome de Jesus".

Lembro-me de que um dia nós estávamos realizando uma campanha evangelística e, a uns vinte metros de onde a multidão estava, havia um destacamento policial parado, exatamente atrás do local onde as pessoas eram levadas para receber a libertação. Os policiais observavam silenciosamente o trabalho que estava sendo realizado ali. De repente o endemoninhado, lançando espuma pela boca, correu para onde eles estavam. Os cinco policiais tiveram um susto tão grande que em alguns segundos correram para o local onde a libertação era ministrada e se esconderam por ali. Eu vi a cena e, de onde estava, disse: "Satanás, nós te amarramos em nome de Jesus. Pára agora", e ali mesmo o homem caiu de bruços diante de todos. Em seguida os policiais saíram assustados e passaram a observar o endemoninhado. Talvez tenham pensado: "Necessitamos ter essa autoridade que eles têm para poder usá-la quando um preso escapar".

2. Exercer autoridade sobre o espírito imundo

Este é o segundo passo. Todos os que crêem ter o sinal de autoridade podem expulsar espíritos diabólicos. Mas se abrirmos a boca duvidando ou se nos assustarmos, fracassaremos. Não devemos esquecer que a autoridade é exercida pela fé, e ela não pode de maneira nenhuma atuar se tivermos dúvidas e temor.

Quando elevamos a voz e damos uma ordem, o diabo deve sujeitar-se. Porém, se nós o declararmos atado em nosso próprio nome e não no nome de Jesus, ele não dará ouvidos a nós, porque o único nome que ele respeita é o nome de Jesus Cristo.

3. Conseguir que a pessoa volte a si

Assim que tivermos sujeitado o demônio, sempre no nome de Jesus e exercendo sua autoridade, devemos em seguida dar este terceiro passo. Isto é realizado da seguinte maneira: "Espírito humano, tome o controle de sua mente e de seu corpo no nome de Jesus". E a pessoa, que tinha os seus sentidos e sua vontade controlados pelo maligno, responderá positivamente a essa ordem.

4. Perguntar à pessoa se ela deseja ser liberta

O quarto passo que devemos dar nos leva a perguntar se a pessoa deseja ser liberta. Não devemos esquecer de explicar à pessoa o que aconteceu com ela até ali, já que, quando ela volta ao controle da sua consciência, não sabe como e de que maneira foi parar naquele lugar. Devemos explicar o estado em que ela estava e ajudá-la a desejar profundamente a libertação proporcionada por Jesus Cristo. Mas se a pessoa não tiver vontade de se tornar totalmente liberta dificilmente nós poderemos ajudá-la.

Muitas vezes existe um pacto feito com o diabo, e é necessário rompê-lo para que a pessoa se torne livre. Se nós não fizermos isso, o diabo não vai querer sair, mesmo que nós o repreendamos com palavras como: "Diabo, sai desta vida. Sai agora". Será necessário saber por que a pessoa caiu naquela situação. Devemos perguntar-lhe como a possessão ocorreu e os pormenores que ajudarão a pessoa a se tornar liberta. Então, se o que ela nos contar for: "Fui a uma sessão de espiritismo", "Fiz um pacto de sangue com um curandeiro", "Consultei a um bruxo", nós devemos dizer-lhe: "Você fez um pacto e deve rompê-lo agora". A pessoa é quem deve decidir desfazer esse pacto por meio destas palavras: "Em nome de Jesus, eu renuncio ao pacto que fiz no espiritismo".

É simples. Pode ser que ela se encontre naquela situação por ter praticado controle mental ou por ter-se envolvido com religiões orientais que exercitam a meditação transcendental. Nesse caso, devemos aconselhá-la a dizer o seguinte: "Senhor Deus e meu Pai, eu renuncio ao controle mental". Ela deve renunciar especificamente ao pecado que cometeu. E você, que está ministrando a libertação sobre ela de acordo com a autoridade de Deus, deve dizer: "Eu declaro que este pacto está rompido no nome de Jesus". É desta forma tão simples que os pactos são rompidos.

Havia uma mulher que nos seguiu durante três anos, sempre acompanhando nossas campanhas. Estava alienada. Ficou assim desde que uma pessoa que ela não conhecia entrou em sua casa e fez um trabalho de bruxaria para ela. Essa mulher estava num estado tão profundo de alienação que havia abandonado a sua família. Ela colocava dentro do quarto onde morava papéis brancos sobre o chão para não contaminar-se, não permitia que seu esposo ou seus filhos se aproximassem dela e comia em uma tampa de panela, utilizando as próprias mãos como talheres. Vivia como um animal, não falava com ninguém e gemia o dia todo.

Um dia sua irmã a trouxe a uma das campanhas que nós estávamos realizando e contou-me o que estava acontecendo com aquela mulher. Ela tinha um olhar perdido e gesticulava constantemente. Sua irmã a acompanhava, segurando em sua mão. Vê-la naquele estado me impressionou muito. Eu orei para que aquela mulher fosse liberta, pedi isso ao Senhor com todas as minhas forças. Várias vezes repreendi o espírito de feitiçaria que estava ali e lhe disse: "Demônio de feitiçaria, vai-te desta vida, no nome de Jesus", mas nada aconteceu. Eu tinha muita pena dela. Elas viajavam durante mais de duas horas para chegar até onde nós estávamos e voltavam ao seus lares altas horas da madrugada, com a mulher do mesmo jeito.

Certo dia, enquanto eu orava, observei que aquela mulher estava na fila esperando a ministração pela oração. Ao vê-la, eu disse ao Senhor: "Senhor, dá-me discernimento. Eu não sei o que acontece com esta mulher. Senhor, necessito de que o teu Espírito Santo me guie. Sei que fizeram um trabalho de bruxaria para ela. Mas por que ela não fica livre desse trabalho, Senhor?".

Enquanto eu orava pelas demais pessoas, orava também por aquela mulher. Imediatamente as lágrimas começaram a rolar por sua face. Enquanto eu ia me aproximando comecei a sentir uma grande compaixão da parte de Deus. Sei que, quando Deus coloca compaixão no coração de alguns dos seus filhos, algo de grandioso vai acontecer. E quando eu tive esse sentimento, o Espírito Santo me disse:

— *Você sabe o que ela tem?*

— Sim, ela está sob o efeito de um trabalho de bruxaria — respondi.

— *O que você vai fazer?* — perguntou-me ele.
— Não sei. Já repreendi esse espírito várias vezes, e nada aconteceu.
— *Quem é você?* — perguntou-me o Espírito Santo.
— Um sacerdote de Deus — respondi.
— *Quem foi que aprisionou a mulher?* — perguntou o Espírito Santo.
— Um sacerdote do diabo.
— *E quem tem mais autoridade?*
— Eu, eu tenho mais autoridade — respondi imediatamente.
— *Então use-a!* — concluiu o Espírito Santo.

Fiquei ali parado e surpreso. Deus estava me ensinando algo que eu não sabia. Eu havia repreendido o espírito de feitiçaria, mas não estava sabendo exercer a autoridade para desatá-lo. Então aproximei-me da mulher, coloquei minha mão sobre sua cabeça e ordenei: "Satanás, tu que estás aqui dentro, conheces muito bem a autoridade que tenho, por que sou sacerdote do Deus Altíssimo. Eu desfaço agora todas as tuas obras na vida desta mulher, e te ordeno agora que vás embora de dentro dela. Eu desamarro esta alma do espírito de feitiçaria, no nome de Jesus".

Naquele momento a mulher caiu e a levaram para o local de libertação. Mas quando chegou lá ela já estava totalmente livre. Vê-la sair dali rindo, abraçada com a irmã, foi para mim umas das experiências mais gratificantes de minha vida. Cada vez que eu via as duas irmãs felizes nas cruzadas, louvando ao Senhor, eu agradecia a Jesus por seu amor, sua graça e sua misericórdia.

Nós temos autoridade para desamarrar as pessoas a quem o diabo amarrou, mas existem diversas maneiras de fazê-lo. As pessoas estão presas de diversos modos dentro do ocultismo, desde amarradas a um horóscopo até acorrentadas por um trabalho de magia negra. Muitas vezes nós não damos importância aos jogos que as crianças estão usando, como por exemplo o *ouija* ou outros jogos de cunho ocultista. Conhecemos casos de meninos que ficaram presos por terem invocado poderes satânicos no jogo de *ouija*, e tudo isso repercute no campo espiritual.

Devemos ter muito cuidado com os desenhos animados a que os nossos filhos assistem na televisão, como os gnomos azuis (duendes) e todos aqueles que usam poderes sobrenaturais. As hostes espirituais da maldade tentam distanciar a mente das crianças do verdadeiro poder de Deus. Isto aprisiona as mentes infantis e em seguida vêem as conseqüências: rebeldia, violência, falta de interesse pelas coisas de Deus, imoralidade, e até ataques de epilepsia. Esses programas muitas vezes parecem inocentes, mas não são.

Talvez suas crianças assistam a desenhos animados como o pássaro Orco, que é o príncipe do hades e da morte, na mitologia grega. Esse pássaro guia um super-herói, e tudo indica que o pássaro pertence a um principado. Este animalzinho governa o super-herói indiretamente. Sem perceber, e conduzidas pela sua simplicidade, as crianças entram nesse reino de poderes espirituais e depois começam a apresentar conflitos, problemas de todo tipo, e os pais não sabem o porquê.

Devemos estar alertas para detectar as artimanhas do diabo. A Bíblia diz que Satanás anda rugindo como um leão, buscando a quem possa tragar. Esse desenhos muitas vezes parecem inocentes, mas no local de libertação temos atendido muitas vezes a crianças possessas, e os demônios que estavam dentro delas se identificavam como personagens de desenhos animados da televisão. Isto nos motivou a alertar os pais.

Na cidade de La Plata, Argentina, começou a circular o comentário de que algumas crianças estavam vendo anõezinhos verdes que desciam de discos voadores. Esta notícia se espalhou pelo mundo todo, e de muitos países vieram pessoas para entrevistar essas crianças. Tempos depois, realizamos uma campanha de libertação naquela cidade. Os próprios pais traziam as crianças e nos contavam os problemas que elas estavam apresentando. Essas crianças sofriam de medo, terrores noturnos, rebeldia e, quando ouviam o nome de Jesus, se manifestavam violentamente.

Sabemos que o diabo costuma agir de diversas formas. Ele se veste de anjo de luz, de extraterrestre, do que for necessário para enganar e destruir. Satanás tem mil maneiras de se apossar das vidas e de destruir os nossos filhos. Devemos estar alertas e prontos para exercer a autoridade e o discernimento que Deus colocou à nossa disposição.

Certa noite, após concluir uma pregação, desci da plataforma e fui até o local onde as pessoas estavam recebendo a ministração dos obreiros. Era realmente muito tarde, e ao entrar ali vi um adolescente caído no chão. Parecia estar morto. Os irmãos que lutavam por sua libertação estavam esgotados. Após lutarem tanto, eles se haviam sentado e estavam simplesmente olhando para o rapaz. Ao observar o quadro, percebi que aquele rapaz ainda não estava liberto. De repente ele abriu os olhos e olhou para mim. Imediatamente o Espírito Santo me disse: "Artes marciais". Eu o ajudei a levantar-se, ele se sentou diante de mim e eu lhe perguntei:

— Você pratica artes marciais?

— Não! — foi sua resposta.

— O Espírito Santo está me dizendo que você realizou um pacto com o diabo através da televisão. Você fez ou não fez esse pacto?

— Não! — ele tornou a me responder.

Mas eu estava convencido de que o Espírito Santo me havia dito exatamente qual era o problema dele. Perguntei-lhe se ele era violento, se ele sentia desejo de destruir e matar. Ele disse que sim. Então eu comecei a orar e disse: "Senhor, tu não te enganas". Naquele momento o nome de um personagem famoso nas artes marciais veio à minha mente. Existem vários filmes e séries televisivas com ele. Então eu tornei a perguntar ao rapaz: "Você admira muito esse personagem das artes marciais, não é?". O rapaz, surpreso, respondeu:

— Sim. Mas como é que o senhor sabe disso?

— Você quer ser como ele, não é? Você se veste e se exercita para ser igualzinho a ele em seus filmes, não é? Você se imagina dando socos e pontapés nos seus inimigos da mesma forma como ele faz nos filmes, não é isto?

— Sim — respondeu o rapaz, mais surpreso ainda.

E eu continuei:

—Você tem permitido que os poderes do diabo que controlavam a vida daquele homem controlem também a sua vida. Agora você deve renunciar à autoridade que esse personagem tem sobre você e às artes marciais, e renunciar também ao pacto que você fez com o diabo diante da televisão.

Naquela noite oramos juntos, repreendendo os demônios, e o rapaz foi liberto. Seu rosto mudou e ele exclamou:

—Finalmente, posso dizer que agora tenho paz.

Medite bem sobre o que você está deixando os seus filhos acompanhar na televisão. Quanto a meus filhos, eu permito unicamente que eles assistam a desenhos animados cristãos. Eles se entretêm muito mais com brinquedos e praticando esportes. Eles não passam tanto tempo assistindo a programas que, em vez de ajudá-los, os prejudicam. Procure para seus filhos entretenimentos saudáveis. Brinque com eles. É fácil deixá-los para lá, abandoná-los diante da televisão. Portanto, dedique mais tempo aos seus filhos.

O tema da renúncia é importante. E não é só importante com relação às crianças. Quando estou diante de uma pessoa com problemas espirituais, sempre peço que ela me diga que tipo de pacto ou que tipo de ressentimento ela guarda e oriento-a a renunciar e a perdoar tudo em voz alta. Talvez você se pergunte porque isso deve ser feito em voz alta. Eu lhe explicarei. Satanás não é onisciente, mas Deus é. O diabo não conhece o que você pensa, mas Deus conhece. Portanto, você deve renunciar a todo e qualquer envolvimento com Satanás em voz alta para que Satanás escute. Isto ele não lê na sua mente, porque não sabe o que você pensa. Ele só ficará sabendo se a pessoa falar.

Por isso é que nós temos de ouvir muito e falar pouco, porque, quando falamos, o diabo fica sabendo o que há em nossa mente. Ele não pode entrar em nossos pensamentos nem pode ler o nosso coração, mas pode ficar sabendo daquilo que nós estamos pensando e planejando a partir do momento em que falamos. Devemos lembrar-nos do que a Palavra de Deus diz em Provérbios 18:21: "A morte e a vida estão no poder da língua; o que bem a utiliza come do seu fruto" (ARA). Se nós dissermos: "Meu pai morreu de câncer, meu avô também, e eu vou morrer de câncer", fique certo de que assim acontecerá.

Satanás diz: "Você ouviu, Jesus? Ela quer morrer de câncer". Ele escutou o que nós dissemos. Mas se declararmos: "Viverei todos os anos que for possível uma pessoa viver sobre a terra. Terei saúde e não vou ficar doente", certamente teremos muito mais chance de nos mantermos desta forma, mesmo que o diabo tente entrar em nossa vida e nos atacar de qualquer maneira.

O único que pode interferir em sua vida, porque ele tem toda a autoridade e poder sobre você, é Cristo, e não o diabo. Porém, se você proclamar derrota, ela acontecerá, por que você está declarando com sua boca aquilo que quer receber. Daí a importância de rompermos os pactos, de renunciarmos às palavras negativas, a tudo o que tivermos pronunciado com nossa boca. E devemos fazer isto com voz bem audível. A Bíblia diz:

> Se com a tua boca confessares a Jesus como Senhor, e em teu coração creres que Deus o ressuscitou dentre os mortos, serás salvo. Pois com o coração se crê para a justiça, e com a boca se faz confissão para a salvação (Rm 10:9,10).

Como devemos entender isto? Quando dizemos: "Jesus, eu te aceito", o diabo tapará os ouvidos, mas não deixará de escutar. Porém, se você declara isso só na sua mente, Jesus diz a Satanás: "Ele é meu", e Satanás responde: "Mas eu não escutei nada". Porém, quando confessamos isso diante de Deus, diante dos anjos do Senhor, diante dos homens e diante dos demônios: "Aceito agora a Jesus como meu Salvador e peço perdão pelos meus pecados", todas as hostes espirituais escutam essa confissão e passam a respeitá-la.

Aquele que fez um pacto sempre deve renunciar a ele em voz alta. Nunca com a mente. Ele tem de declarar desta maneira: "Satanás, eu renuncio a ti no nome de Jesus. Renuncio ao espiritismo, à bruxaria, ao satanismo, em nome de Jesus". Então Jesus dirá: "Você ouviu, diabo? Ele renunciou. Tu já não tens autoridade sobre esta vida. Eu resgatei essa vida totalmente das tuas mãos".

5. Pronunciar palavras de renúncia

O quinto passo é o que dá lugar à libertação. Quando a pessoa pronuncia palavras de renúncia, nós exercemos a autoridade que temos no nome de Jesus, cortamos essas ataduras e expulsamos os demônios. Não importa se são dois, dez, vinte mil, uma legião ou duas legiões. Quando essas correntes são rompidas e os compromissos que a pessoa tem com Satanás são declarados findos, a ação do inimigo se acaba. Não existe motivo para a pessoa continuar possessa.

Um dia me levaram para orar por uma mulher na cidade de Los Ángeles, Estados Unidos. Ela estava com problemas mentais. Durante alguns momentos parecia totalmente atarantada, e outras vezes começava a falar de maneira normal. As pessoas que haviam tentado ministrar-lhe a libertação me disseram: "Ela já declarou que renunciou a tudo, mas continua agindo da mesma maneira". Então eu impus minhas mãos sobre sua cabeça e disse: "Satanás, tudo já está declarado, tu não tens mais nenhuma parte com essa mulher. Não tens mais motivo algum para mantê-la em tuas mãos. Portanto, eu te ordeno na autoridade de Jesus Cristo que deixes esta mulher livre. Eu a declaro agora livre, porque ela renunciou a ti, e tu não tens mais nada que ver com ela. Mulher, eu te declaro livre no nome de Jesus". Dei meia volta e fui embora. Os irmãos me olharam, e eu disse que a deixassem ir. Eles a levaram para casa e no outro dia ela estava totalmente curada e liberta. O diabo não pôde mais retê-la, porque já havia perdido toda autoridade sobre ela.

Durante outra campanha, trouxeram uma mulher com hemiplegia para receber a ministração de Deus. Ela era esposa de um militar na cidade de Berisso, Argentina. Isto aconteceu durante uma de minhas primeiras campanhas. Naquela noite eu repreendi todo espírito de depressão e de hemiplegia. Assim que ouviu isto a mulher caiu no chão, e naquele momento ela ouviu uma voz que lhe dizia: "Tenho de ir embora, tenho de ir, já me expulsaram daqui". Mas aquele demônio não foi embora naquele momento. Durante a noite, enquanto dormia, a mulher sentiu como se algo se desprendesse do seu corpo, e a hemiplegia desapareceu imediatamente. Isto quer dizer que às vezes o diabo não sai imediatamente do corpo da pessoa, mas ele sabe que terá de sair. Você deve dizer: "O que está declarado, está declarado". Confesse a Palavra. Quando você estiver seguro de que fez tudo de maneira correta, que rompeu os pactos, que não há mais nada de oculto, a pessoa ficará liberta.

Muitas vezes, por vergonha, as pessoas não querem confessar situações de seu passado, mas, se insistirmos, geralmente elas confessarão. Certa vez uma dessas pessoas me disse: "Lembro-me de que uma vez fiz um pacto com o diabo. Meu esposo vivia com outra mulher, e eu fui à casa de um macumbeiro e lá ele me disse que era necessário realizar alguns trabalhos de magia negra. Deu-me este amuleto e pediu-me para eu comprar muitas outras coisas para a realização de um despacho". Temos de romper os pactos. Quando eles são rompidos, todas as correntes que ligam a pessoa ao diabo são quebradas, e não haverá mais motivos para ele continuar arruinando as vidas e os lares.

6. Dar graças a Deus pela libertação e pedir a plenitude do Espírito Santo

O sexto passo é levar a pessoa a agradecer a Deus e a pedir a plenitude do Espírito Santo. A razão disto é que é importante que a casa, o templo do Espírito Santo que é o seu corpo, como o próprio Senhor diz, esteja cheia de sua presença.

Existem também algumas recomendações quanto à ministração da libertação. Nunca dois ou três homens devem ministrar a uma mulher sozinha, nem na igreja nem em nenhum outro lugar. A ministração sempre deve ser mista. Vejamos uma situação como exemplo. O que pode acontecer quando um homem vem com sua esposa para a igreja pela primeira vez, e lá ela sofre uma manifestação demoníaca? Geralmente essa mulher é levada para um local de aconselhamento e libertação. Passado alguns minutos, o esposo começa a se preocupar e sai à procura da esposa. Quando chega ao local onde a colocaram, ele vê três homens ao redor dela. Um deles está segurando-a pelo braço, o outro pelo ombro, e um terceiro apóia a sua cabeça enquanto fala com ela. Ao ver aquela cena, ele pergunta: "O que é isto? O que está acontecendo aqui?".

Portanto, é importante que também haja uma mulher acompanhando o trabalho de libertação. Não é por causa dos líderes nem dos conselheiros que nós damos essa recomendação, pois sabemos que ninguém ministrará a libertação em nome de Jesus se não tiver boa intenção em Cristo, mas devemos ter prudência e fugir da aparência do mal.

7. Verificar a autenticidade da libertação

O sétimo e último passo é: Como podemos saber se a libertação ocorreu mesmo na vida de uma pessoa? Depois que ela recebe a libertação, nota-se nela uma descontração total. Vêem-se lágrimas de alegria, mudança de atitude, um olhar doce e o aspecto de quem está sentindo muita paz. Não há mais rejeição ao nome de Jesus. Ele é pronunciado com muita alegria. A pessoa confessa-se liberta e reconhece que tudo foi realizado no nome de Jesus. Uma vez que a libertação ocorreu, o grupo de pessoas que trabalhou com a pessoa endemoninhada deve orar e glorificar o nome de Jesus, atribuindo-lhe de forma exclusiva toda a glória.

Tudo o que eu expus até aqui não constitui métodos rígidos que marcam uma linha exclusiva de libertação e ministração. O que ensinei até agora é simplesmente fruto do resultado de nossas próprias experiências nesse campo, ao longo de tantos anos. Certamente cada sessão de ministração e aconselhamento deve ser dirigida pelo pastor da igreja. Este, melhor que ninguém, orientará sobre os passos que devem ser seguidos para que o trabalho seja realizado em comunhão com o restante de sua família, que é a sua igreja.

Capítulo 8

O perigo do ocultismo

"Eu era um falso mestre"

Estudei psicologia clínica na Universidade Nacional de La Plata, Argentina. Fiz diversos cursos de especialização em grafologia e adquiri experiência em psiquiatria. Trabalhei durante nove anos em quatro hospitais psiquiátricos e neles adquiri experiência em reabilitação de psicóticos. Atuei também em outras disciplinas.

Ensinaram-me que saber era poder. Eu desejava tornar-me rico em conhecimentos para me destacar diante de todos. Após terminar meus estudos na universidade, concluí que o saber científico era um caminho muito limitado e competitivo. Por outro lado, se eu me tornasse um mestre em ocultismo, em astrologia, em parapsicologia, em curandeirismo e orientalismo, poderia deslumbrar muitas pessoas com os segredos do ocultismo. Queria tornar-me um mago profundo e sedutor: uma mistura de psicoterapeuta, guru e sábio. O sobrenatural e o místico me fascinavam.

Finalmente, várias pessoas que se achavam confusas na vida caíram em minha rede. Eu as enganava com temas esotéricos e místicos. Minha vaidade resplandecia. Eu vivia auto-seduzido, crendo que sabia de tudo. Muitos tinham fé em mim, necessitavam de mim, seguiam-me, e por último passavam a viver uma vida como a minha: vazia, mas aparentemente equilibrada. Sem sentido, mas ilusoriamente bem planejada. Libertina, mas de aparência decente e moderna. Uma vida odiosa, mas aparentemente muito boa. Temerosa, mas encoberta por uma atitude desafiante, ameaçadora e disposta ao ataque.

Durante muito tempo trabalhei preparando mapas astrais e ensinando astrologia aplicada à psicoterapia. Tornei-me instrutor de meditação transcendental, ocultismo e parapsicologia. Tentei encontrar Deus em todas as religiões orientais e sabedorias mais antigas, mas não o encontrei. Durante nove anos trabalhei em reabilitação de psicóticos em quatro hospícios: Melchor Romero, Borda, Estévez e Moyano, todos na cidade de Buenos Aires. Fui expulso desses hospitais por me opor aos tratamentos elétricos, cirúrgicos e químicos. Então comecei a trabalhar como psicoterapeuta em minha própria casa. Eu me apresentava como psicólogo para que não me chamassem de curandeiro. Alguns diziam que eu tinha poderes paranormais, e, como isso me envaidecia, eu acreditava. Na realidade, eu era um impostor, um cego guiando cegos.

Após estudar durante anos o segredo dos mestres, gurus, curandeiros e adivinhos, comprovei que, mesmo conseguindo efeitos sugestivos e psicossomáticos, nenhum deles produzia transformações na matéria, ou seja, milagres. Os resultados dos seus poderes eram enganosos e aparentes. Eu advertia sempre aos meus seguidores: "Só posso ensinar o que eu mesmo comprovei em minhas buscas e experiências". Esta sinceridade os cativava mais e mais.

Muitas vezes me perguntavam quem era Deus e eu lhes respondia: "Só o conheço por meio de alguns relatos lendários e mitológicos". Com relação ao diabo, eu lhes dizia: "Ah, este sim, posso dizer que conheço, pois eu o vi manifestar-se em várias pessoas, inclusive em alguns de meus pacientes. Este eu posso garantir que existe".

Era surpreendente ver a quantidade de jovens que vinham pedir-me aulas particulares com o propósito de obter conhecimentos de magia e ocultismo, e ofereciam-se para pagar-me mais do que podiam. Eu lhes ensinava a meditar, a realizar transferência de energia. Não me sobrava sequer um espaço de quarenta e cinco minutos livres durante toda a semana, nem mesmo aos sábados e domingos. Eu estava me aproximando do ponto mais alto da fama e da projeção entre os estudiosos do ocultismo. Meus sonhos estavam se realizando. O sucesso e a fama já não estavam longe. Aos 37 anos de idade, o dinheiro e o sucesso me alcançaram.

Porém, numa noite de sexta-feira, em meados de outubro de 1984, eu e um grupo de amigos psicólogos, estudantes avançados e outros profissionais decidimos investigar o que estava acontecendo durante a campanha do evangelista Carlos Annacondia. No início eu não queria ir, mas meus amigos insistiram muito para que eu fosse, praticamente me levaram à força. Fomos ver quais eram as técnicas e o poder que aquele evangelista usava. Fiquei observando Carlos Annacondia pregar diante de uma enorme multidão, cheio do poder e do fervor do Espírito Santo. Eu nunca antes tinha visto nada igual.

Inicialmente, procurei identificar técnicas de indução hipnótica sutil que ele por acaso estivesse usando. Procurei também identificar mensagens paradoxais ou condução emocional de massa. Mas o poder de Deus estava se manifestando ali com simplicidade e transparência, e eu não encontrei nada do que tinha ido buscar. Em determinado momento da oração, pediram aos enfermos que se aproximassem do palanque para receber cura divina. Naquela época eu sofria de uma renite alérgica, hereditária e incurável. Então decidi aproximar-me da plataforma para ver se tudo aquilo que estavam dizendo que acontecia durante as orações era mesmo verdade. Quando o evangelista começou a orar, senti imediatamente que de dentro de mim saiu um clamor pedindo a Deus por minha salvação e solicitando um amor que eu nunca havia conhecido antes. Estranhei a mim mesmo. Parecia que era outra pessoa que estava orando por mim naquele momento.

Annacondia disse que acreditava num único Deus verdadeiro e que, se eu aceitasse a Jesus como meu Senhor e único Salvador, arrependendo-me dos meus pecados e renunciando a toda sabedoria que não fosse de Deus, eu seria salvo, me reconciliaria com Deus e a minha enfermidade seria curada. Ali, diante daquela multidão e no meio daquele parque, caí no chão dominado pelo Espírito de Deus. Aquele homem que era cheio de conhecimentos de ocultismo, auto-suficiente e extremamente vaidoso, que tanto havia lutado para se elevar no conceito geral das pessoas, estava agora ali prostrado aos pés de Deus. Cri, chorei e pedi perdão ao Senhor pelos meus pecados. Pela primeira vez em minha vida entendi o que queria dizer misericórdia: amar aos outros apesar de suas misérias.

Mais tarde pude compreender que até aquele dia Satanás me havia usado como instrumento em suas mãos, mesmo que eu nunca o tivesse buscado nem feito pactos conscientes com ele. Porém, quando conheci a Palavra de Deus, descobri que minha vida estava enferma, corrompida e destinada à morte.

Louvado seja o Senhor Jesus Cristo que manifestou em mim o seu amor! Ele não olhou para a minha maldade nem para a enorme quantidade de vidas que eu havia empurrado para o abismo. Ele me resgatou, como faz com todo aquele que se aproxima dele entregando-se como uma criança, sem condições nem exigências. Daquela renite que eu sofria nunca mais tive notícias.

No final de outubro daquele mesmo ano, participei de outra campanha do irmão Carlos Annacondia. Naquela noite o evangelista disse: "Não haja no teu meio quem faça passar pelo fogo o filho ou a filha, nem adivinhador, nem prognosticador, nem agoureiro, nem feiticeiro, nem encantador, nem necromante, nem mágico, nem quem consulte os mortos. O Senhor abomina todo aquele que faz essas coisas. É por causa dessas abominações que o Senhor teu Deus expulsa essas nações de diante de ti" (Dt 18:10-12). Naquele momento entendi o quanto eu estava afundado no pecado, como estava distante da verdade e trabalhando de maneira contrária à vontade de Deus.

No dia seguinte após ter participado daquele culto, acordei de madrugada com náuseas, tosse, tremendo, sentindo calafrios, tendo espasmos. Achei que estivesse intoxicado por algum alimento e que ia morrer. Alguma coisa estava me empurrando contra a cama como se o meu corpo fosse de chumbo. Por minha cabeça passavam vertiginosas recordações dolorosas de pecados, mas percebi que aquilo tudo era mentira ou fruto de minha imaginação. Eu não havia praticado aquilo. Subitamente do meu interior começaram a sair gemidos, vozes roucas e grunhidos. Pensei que se tratasse de um ataque de loucura.

Depois de quarenta e cinco intermináveis minutos, lembrei-me de como o irmão Carlos Annacondia repreendia os demônios. Apeguei-me a Deus com todas as minhas forças e com voz alta e autoridade ordenei: "Espírito imundo e mentiroso, em nome de Jesus Cristo de Nazaré, eu te amarro e te ordeno que saias do meu corpo agora. Em nome de Jesus, abandona já a minha vida e não voltes mais. Meu coração é de Deus, meu Pai". Em seguida pedi ao Espírito Santo que tomasse o controle da minha língua e não me deixasse cair de novo no engano. Poucos minutos depois comecei a sentir-me melhor. O calor voltou ao meu corpo, senti-me leve e descansado, e em seguida adormeci. Ao levantar-me e sair de casa, um amigo me disse:

— Puxa, com que cara você está, hein!

— Tive uma noite muito difícil — respondi, sem desejar dar-lhe muita atenção ou alimentar a conversa.

— Não, mas não é isto o que eu estou dizendo — exclamou meu amigo. — Você está com uma cara muito jovial, muito tranqüila. Não parece que passou uma noite difícil.

Na noite daquele mesmo dia eu e meu amigo recebemos o batismo no Espírito Santo. Atrás da plataforma, com os braços levantados, começamos a falar em outras línguas. Deus me libertou das potestades de Satanás! Hoje estou comprometido com ele, anunciando o evangelho, pregando a salvação de Jesus Cristo aos perdidos e fortalecendo os fracos na fé no nome do nosso Senhor e Salvador Jesus Cristo, para a glória de Deus.

Basílio, Buenos Aires, Argentina.

Quando falamos sobre os poderes espirituais da maldade, sobre opressões espirituais e possessão demoníaca, estamos referindo-nos à influência de todas as potestades diabólicas que atuam neste mundo (veja 1Jo 5:19). Aquele que ignora a existência desse mundo tenebroso corre sérios perigos. Um deles é ser envolvido pelas práticas do ocultismo. Este é um engano satânico que se disfarça de diversas maneiras para enredar a pessoa que busca respostas para suas necessidades físicas e espirituais. Uma das causas que leva a pessoa a cair nesse engano é o fato de a Igreja não se preocupar em apresentar respostas satisfatórias às suas interrogações. Conseqüentemente, ela se entrega à exploração do sobrenatural e vai atrás do ocultismo, da feitiçaria, da bruxaria, dos malefícios, da idolatria.

As ciências ocultas não só estão fazendo estragos na Argentina, mas também em toda a América e em grande parte do planeta. Nos chamados países do Primeiro Mundo, as pessoas envolvidas com o ocultismo estão sendo transformadas em verdadeiros mendigos espirituais.

A Palavra de Deus, porém, nos diz que existem caminhos que ao homem parecem direitos, mas no final são caminhos da morte. As pessoas procuram soluções para os problemas da vida tentando encontrar milagres rápidos e eficazes. Alguma coisa mágica.

Porém, quando falamos em buscar a Deus, muitas pessoas logo apresentam desculpas. A principal razão desse comportamento é que Deus exige muitas coisas do homem, entre elas santidade e obediência. Exige respeito à sua vontade. Portanto, é mais fácil entregar-se às garras de Satanás, ao ocultismo e a toda e qualquer experiência demoníaca sobre a face da terra.

Há algum tempo vi uma revista de esoterismo na qual estavam oferecendo uma cruz que, conforme afirmavam, dava sorte até para as pessoas ganharem na loteria. E tinha mais: eles garantiam que, se alguém comprasse aquela cruz e não ganhasse na loteria, o dinheiro que a pessoa pagara pela revista seria devolvido. Acho que muitas pessoas ingênuas creram naquela mentira e adquiriram a cruz. Também estava sendo oferecida uma pirâmide da sorte, com a promessa de que por meio dela a pessoa ganharia muito dinheiro e saúde. Outros anúncios diziam: "Compre também a estátua de Buda, ganhe muito dinheiro e solucione os seus problemas". Outra cruz que estava sendo oferecida era para ser pendurada na porta de casa, com a garantia de que ela traria paz, felicidade no casamento e sustento pelo resto da vida. Outra propaganda dizia que, se a pessoa realizasse determinados rituais de alta magia branca, seria muito feliz e bem-sucedida na vida.

Estas são algumas entre as milhares de coisas que o diabo oferece hoje a todos os que buscam solução e respostas por caminhos errados. É comum pessoas com problemas existenciais consultarem bruxos, feiticeiros, magos, astrólogos e adivinhos. Pedem que se coloquem as cartas diante delas, crendo que vão obter respostas de Deus para sua vida. Porém, é necessário que essas pessoas saibam que Deus condena todo tipo de ocultismo.

Você já deve ter observado que muitas pessoas endinheiradas têm um parapsicólogo ou pai-de-santo particular à sua disposição. Um bruxo a domicílio. Alguns presidentes de nações consultam seus adivinhos antes de tomar determinadas decisões com relação ao seu país. Isto tornou-se muito comum na atualidade. Satanás vem atuando em todas as esferas sociais. Essas autoridades querem saber se a decisão que vão tomar é correta e o que acontecerá no futuro. Porém, Deus não aprova nenhuma dessas atividades de vidência, pois são totalmente satânicas. Aconselho sempre as pessoas a não gastar seu dinheiro nem colocar-se em inimizade com Deus. Ele não está nesses lugares e abomina quem pratica tais coisas.

Talvez você esteja questionando porque eu estou fazendo tais afirmações. É porque a Palavra de Deus, em muitas passagens, nos fala sobre este assunto. Ela nos ensina qual é a verdadeira vontade de Deus a esse respeito e condena tais práticas. Se você deseja saber algo sobre o futuro, busque nas páginas da Bíblia e encontrará a resposta. Ela nos ensina o que Deus quer para a nossa vida. Se você por acaso estiver envolvido em alguma prática ocultista, afaste-se dela e aproxime-se de Deus e de sua Palavra. Mas para isto será necessário você abandonar o pecado, ou seja, tudo o que não agrada a Deus.

Advertências de Deus contra o ocultismo

Muitos homens e mulheres não querem aceitar a Jesus porque sabem que as obras que estão praticando são más e, se se aproximarem da luz que é Jesus, essas obras serão denunciadas pela evidência da verdade. Portanto, preferem continuar na escuridão. Mediante algumas passagens bíblicas ficamos sabendo qual é a opinião de Deus sobre essas práticas.

Astrologia

Com relação aos que "dissecam os céus e fitam os astros" (ARA), aos que prognosticam o futuro, Deus diz em Isaías 47:13,14:

> Certamente são como restolho; o fogo os queimará. Não podem livrar-se do poder das chamas. Não é um braseiro com que se aquentar, nem fogo para que diante dele se assentem.

O crente sincero e fiel não consulta horóscopo, não se preocupa com os sinais do zodíaco nem se interessa por qualquer coisa relativa a astrologia. Isso é do diabo.

Espiritismo

Vejamos o que as Escrituras nos dizem acerca deste assunto:

> O homem ou a mulher que entre vós for médium ou feiticeiro, certamente serão mortos. Serão apedrejados, e o seu sangue cairá sobre as suas próprias cabeças (Lv 20:27).

Isto está na Bíblia. Não sou eu que estou dizendo, e sim Deus. Muitos se acostumaram a falar com os mortos. Mas não é com os mortos que eles estão falando, e sim com espíritos malignos e enganadores, que fingem ser o espírito dos mortos. Há também pessoas que oram aos mortos.

Adivinhação

Deus também fala sobre esse tipo de prática em Deuteronômio 18:10-12:

> Não haja no teu meio quem faça passar pelo fogo o filho ou a filha, nem *adivinhador*, nem *prognosticador*, nem *agoureiro*, nem *feiticeiro*, nem *encantador*, nem *necromante*, nem *mágico*, nem quem *consulte os mortos*. O Senhor abomina todo áquele que faz essas coisas. É por causa dessas abominações que o Senhor teu Deus expulsa essas nações de diante de ti.

Em sua infinita misericórdia, Deus também diz que todos os que buscam nos magos, nos bruxos e nos curandeiros respostas para sua vida, o fazem por *falta de conhecimento*. Por isso temos de conhecer a Palavra de Deus para sabermos por onde devemos caminhar. Porque "há um caminho que ao homem parece direito, mas o fim dele conduz à morte" (Pv 14:12).

Andemos na luz

Geralmente fazemos muitas coisas erradas por falta de conhecimento. Talvez até pensemos estar agindo de maneira correta. Mas a Palavra de Deus é clara e, agora que a conhecemos, devemos agir tomando-a como base. Muitas vezes, na simplicidade da vida familiar, vemos exemplos claros: a avó que tenta curar a enfermidade do olho do neto usando uma espécie de simpatia, sem saber que isso é curandeirismo. Você pode dizer: "Mas ela faz isso em nome de Deus!" E eu lhe pergunto: alguma vez você já procurou saber em nome de que deus isso está sendo feito? Outro exemplo muito claro desse tipo de prática supersticiosa é o que é praticado no dia 24 de dezembro em alguns países, quando os pais dizem que vão passar e até simulam que estão passando os seus poderes para os filhos. Isso não é de Deus.

Se seu neto está com alguma enfermidade, ou se seu filho não está se saindo bem na escola, você deve colocar a mão na testa dele e dizer: "Jesus toca-o, cura-o e dá-lhe inteligência"; e o Senhor curará e suprirá toda e qualquer necessidade, afastando qualquer influência maligna. Você pode fazer isso sem recorrer a nenhuma conduta de superstição, porque Deus já nos deu o poder, a autoridade e o conhecimento verdadeiros por meio de sua Palavra.

A superstição é muito comum em toda a América Latina. Por isso, qualquer herança recebida de práticas de bruxaria e feitiçaria deve ser abandonada no nome de Jesus. Agora que você conhece a verdade, que sabe que Deus não se agrada dessas coisas, afaste-se delas ou ajude as pessoas a se libertarem de tais práticas. Deus ensina em sua Palavra qual o caminho que devemos trilhar. Se você participava de algumas dessas atividades, peça perdão a Deus agora, e ele lhe perdoará e o libertará.

Costumamos buscar solução para os nossos problemas sem muitas vezes saber qual é a causa desses problemas. Talvez o seu lar esteja destruído e você não sabe por quê. Diante disso, muitas pessoas que não conhecem a Cristo decidem procurar um bruxo, um astrólogo, uma cartomante ou um macumbeiro em busca de solução.

Uma coisa muito importante deve ficar bem clara: a verdadeira causa do conflito nos lares é o pecado, a rebeldia que as pessoas mantêm contra Deus. Porém, para sermos alcançados por sua misericórdia, temos de reconhecer que somos pecadores e que necessitamos da sua graça e do seu perdão. Necessitamos ajoelharnos diante dele e dizer: "Senhor, eu quero ser limpo pelo sangue de Jesus". Podemos pedir isto firmados nas promessas que ele nos deixou na Bíblia.

Talvez você pense: "Mas eu nunca reneguei a Deus!". Talvez isso seja verdade, de certa forma, mas a Bíblia diz que damos as costas a Deus ao fazer o que não lhe agrada. Pecado é todo tipo de rebeldia, transgressão e desobediência a Deus, aos seus preceitos e aos seus mandamentos. Isto quer dizer que todos pecamos sem querer, todos os dias, fazendo coisas que não agradam a Deus. Mas ele nos quer perdoar. Jesus disse que não veio para condenar, e sim para buscar e salvar o que se havia perdido. Ele deseja reconciliar-se com você.

Quando você se volta para Deus, ele nunca mais se distancia de você. Nunca mais você precisará recorrer à bruxaria, ao horóscopo, nem ao espiritismo em busca de solução para os seus problemas. O mundo promete muitas coisas. Mas essas coisas são frutos da maldade e do pecado, e são usadas por Satanás para enganar o homem. Não se entregue a isto. Jesus quer mudar a sua vida. Não pereça por falta de conhecimento. Você aprendeu que só em Jesus existe resposta, existe esperança, existe salvação, existe transformação. Só em Jesus você encontrará uma mão estendida, cheia de amor e misericórdia em qualquer momento que você o procure.

> Sê fiel até à morte, e dar-te-ei a coroa da vida... Segui a paz com todos, e a santificação; sem a santificação ninguém verá o Senhor (Ap 2:10; Hb 12:14).

Lembro que em meu trabalho eu sujava a roupa com substâncias oleosas e, ao sair para a rua, caminhava sempre pelo escuro para que ninguém me visse sujo. Mas, se eu estivesse limpo, não me importaria de andar debaixo dos holofotes. Assim acontece com o pecador, quando ele tem a alma suja. Sua consciência também o acusa e ele não vem para a luz, para que suas obras pecaminosas não sejam vistas nem repreendidas. É por isso que ele fica na escuridão. Esta é uma das razões pelas quais as pessoas não querem aproximar-se de Jesus. Elas sabem que têm de abandonar suas obras ruins, mas preferem continuar no pecado, na maldade e fazer o que lhes agrada nas trevas e às ocultas.

Eu nunca fui a um casamento todo sujo, manchado, e sim sempre vestido com a minha melhor roupa. Assim devemos também preparar-nos para nos apresentarmos diante de Cristo nas Bodas do Cordeiro. Ninguém que esteja sujo poderá participar dessas Bodas. Por isso é necessário nos limparmos, nos santificarmos, buscando a Deus de todo coração e com sinceridade. Mas nós mesmos não podemos fazer essa limpeza, somente Jesus. Se amarmos a Jesus Cristo, ele nos purificará com o seu sangue e nos preparará para o banquete que será servido nas Bodas do Cordeiro. Quando ele vier buscar a sua Igreja, nós também subiremos com ele, para juntos participarmos desse grandioso acontecimento.

Capítulo 9

O poder do perdão

Durante uma de minhas primeiras campanhas, uma pessoa se aproximou de mim e pediu que eu fosse até sua casa para orar por sua mãe. Quando a reunião terminou, eu me dirigi à casa daquela senhora enferma. Ao chegar ali encontrei uma mulher paralítica, prostrada em uma cama, vítima de uma asma crônica que afetava terrivelmente seus pulmões. Ela estava muito mal, literalmente "secando" no leito e morrendo aos poucos.

Primeiramente falei com ela sobre Jesus e sobre a necessidade de aceitá-lo como Salvador. Em seguida orei e pedi para que ela confessasse os seus pecados e declarasse que aceitava Cristo em seu coração. Finalmente orei por ela, mas senti que a bênção de Deus não havia ainda descido sobre aquela vida. Era estranho o que estava acontecendo. Em oração perguntei ao Senhor o que significava aquilo. Ele me disse que o coração daquela mulher estava cheio de ódio e, se ela não perdoasse, não receberia sua bênção.

Após ouvir isso do Senhor, fui direto e objetivo quando lhe perguntei:

— Com quem a senhora está brigada, e a quem a senhora não perdoou?

Ela me respondeu que não tinha problemas com ninguém, que se dava bem com todo mundo. Percebi que ela estava mentindo. Imediatamente eu lhe disse:

— A senhora não está dizendo a verdade.

Em seguida o Espírito Santo me fez sentir que o problema era com uma nora, e decidi então consultar a filha.

— Quantas noras sua mãe tem?

— Duas — ela respondeu.

— E como se chamam?

— Uma se chama Maria Rosa, e a outra Ester.

Com essas informações voltei a falar com a enferma:

— Como é o seu relacionamento com a sua nora Maria Rosa?

— Ah, Maria é um amor! Ela vem me visitar duas vezes por semana com os meus netos e me traz uma torta. Na realidade, é um exemplo de nora — respondeu-me com um sorriso.

— E como é o seu relacionamento com Ester?

Não houve resposta. Insisti quatro vezes. Por fim, com muito esforço, ela respondeu:

— Essa aí eu nem quero chamar pelo nome; é uma víbora. Ela me roubou meu filho e não deixa que meus netos me visitem. Eu a odeio. Jamais a perdoarei!

Naquele instante, aquela mulher confirmou o que Deus me havia dito. Esforcei-me para que aquela senhora entendesse:

— Sabe o que está ocorrendo? A senhora está morrendo por ter o coração cheio de ódio e de ressentimento.

— Mas eu não vou perdoar àquela mulher, mesmo que eu morra — respondeu ela, muito irada.

— Mas Deus está lhe dizendo que a senhora deve perdoar, pois está morrendo por causa desse ódio.

— Sinto muito, pastor, mas não posso fazer isso.

Eu compreendi. Muitas vezes não é fácil perdoar a alguém que nos feriu, que nos fez sofrer tão profundamente. Quantas vezes eu tenho escutado pessoas contarem as maldades que lhes faziam na infância! Pessoas que foram violentadas, traídas, atacadas, espancadas, humilhadas, abandonadas. Isso lhes causou profundas feridas na alma e no coração.

Talvez as pessoas que nos feriram não mereçam o nosso perdão, porém nós pecamos muito mais contra Jesus, mas foi ele quem disse: "Pai, perdoa-lhes, pois não sabem o que fazem" (Lc 23: 34).

Então expliquei àquela mulher que o perdão não é um sentimento, e sim uma decisão. Disse-lhe também que, se tivéssemos de "sentir" para perdoar, nunca perdoaríamos. Esforcei-me muito para ajudá-la, e em seguida oramos juntos. Eu segurei sua mão e disse-lhe que ela repetisse a seguinte oração comigo: "Senhor, eu perdôo Ester! Senhor, eu perdôo Ester no nome de Jesus...!"

Na verdade, ela teve de se esforçar muito para dizer aquilo, mas finalmente conseguiu. Ela repetiu várias vezes: "Eu perdôo Ester no nome de Jesus".

Enquanto ela fazia essa oração, lágrimas começaram a rolar em seu rosto. O Espírito Santo havia entrado naquele coração duro e o estava abrandando. Enquanto chorava, ela me disse:

— Sinto como se algo tivesse saído de dentro de mim. Agora sinto-me em paz e livre.

— Então, a senhora perdoou realmente Ester? — perguntei-lhe.

— Sim, eu a perdoei — foi sua resposta.

Depois desse episódio, o milagre da cura aconteceu na vida daquela mulher. Há três anos que ela não podia caminhar, mas após minha visita à sua casa, ela se levantou da cama e deu vários passos. Poucos meses depois estava totalmente curada. Todos naquela casa testemunharam o verdadeiro PODER DO PERDÃO.

Assim como nós perdoamos...

Perdoa-nos as nossas dívidas, assim como nós perdoamos aos nossos devedores... Pois se perdoardes aos homens as suas ofensas, também vosso Pai celestial vos perdoará a vós. Porém se não perdoardes aos homens as suas ofensas, também vosso Pai celestial não vos perdoará as vossas (Mt 6:12,14,15).

Estes versículos do Evangelho de Mateus nos ensinam quais são as leis espirituais de Deus cuja observância permitem aos homens receber as suas misericórdias e bondade. Muitas vezes não podemos obter os benefícios de Deus, ou talvez peçamos e não recebamos resposta. Isto se deve ao fato de estarmos falhando nos princípios espirituais que ele nos deixou em sua Palavra.

Analisemos com maior profundidade esta herança de Deus, para que seus múltiplos benefícios possam tornar-se reais em nossa vida. Creio que a oração do Pai Nosso é a mais conhecida e repetida na terra, mas também a menos seguida. Analisemos a cláusula que fala do perdão.

"Perdoa-nos as nossas dívidas"

A Bíblia afirma que somos devedores, e nossa dívida é para com Deus. Mas qual foi o preço que Deus estabeleceu para esta dívida que contraímos junto a ele? Será que podemos pagá-la com dinheiro? Não. O que deve ficar bem claro é que Deus disse que o salário do pecado é a morte. Ele colocou um preço sobre a alma do homem e, se pudéssemos reunir dinheiro suficiente para pagá-la, nós o faríamos. Porém, a Palavra de Deus nos ensina que uma alma vale mais que o ouro e a prata do mundo inteiro. Vale mais que o mundo inteiro. Portanto, não podemos comprar com dinheiro o perdão de Deus.

Mesmo que muitos acreditem que isto é possível e deixem suas fortunas para instituições religiosas em troca de receberem o perdão para as suas almas, quero lhes garantir que Deus não é comerciante para que possamos pagar por seu perdão ou pelo sacrifício de Jesus Cristo na cruz. Portanto, o homem terá de pagar com sua vida a rebelião e a desobediência para com Deus. Ou seja, o preço do pecado é a morte.

Porém, quando Deus viu que toda a humanidade estava no caminho da perdição e que todos deviam morrer, ele enviou Jesus à terra para, sem mancha e sem pecado, morrer pelos nossos pecados. Agora, todo aquele que crer na justiça de Jesus Cristo não se perderá. Não mais receberá a morte, e sim a vida eterna. Ele não enviou o seu Filho para condenar o mundo, e sim para que o mundo fosse salvo por ele. Assim como por meio do primeiro homem (Adão) o pecado, a maldição e a morte entraram no mundo, da mesma forma, mediante Jesus Cristo, entraram o perdão, a salvação e a vida eterna.

Quando Jesus morreu na cruz, ele concluiu o plano, o propósito perfeito de Deus para com o homem. Ao terminar seu sacrifício, ele disse: "Está consumado". O mundo o vê crucificado, mas poucos sabem que ali na cruz ele consumou o pagamento da dívida que a humanidade tinha para com Deus.

Portanto, Cristo é o nosso mediador. Quando chegarmos ao céu, teremos em nossas mãos um recibo espiritual que ele nos entregou quando o aceitamos como Salvador em nosso coração. Sabem o que está escrito em meu recibo? "Pai, eu paguei a dívida de Carlos Annacondia com meu sangue". Este recibo não está escrito com tinta, mas com o sangue de Jesus de Nazaré derramado na cruz do Calvário. Isto quer dizer que agora você pertence a Cristo. Já não é mais devedor para com Deus, porque a dádiva de Deus é vida eterna em Cristo Jesus, nosso Senhor.

"Assim como nós perdoamos aos nossos devedores"

Esta é a segunda parte da passagem que estamos analisando. Diante de tudo o que já dissemos, a Palavra de Deus é clara e nos afirma abertamente que, para recebermos o perdão de Deus, devemos também perdoar. Quando Deus nos perdoa, nós nos reconciliamos com ele e recebemos a salvação. Mas, se não obedecermos a essa lei, perderemos o perdão e os benefícios de Deus e correremos o grave risco de perder a salvação que Jesus Cristo conquistou para nós na cruz do Calvário.

Dia após dia vemos os rostos das pessoas cheios de amargura e rancor. O ódio não só endurece o coração, mas também as feições. As alterações espirituais se manifestam também no rosto e, o que é pior, mesmo com o passar do tempo, chegam a desgastar os ossos. Definitivamente atacam a saúde física. Como diz a Bíblia: "Enquanto calei os meus pecados, envelheceram os meus ossos"

(Sl 32:2, ARA). O ódio e o ressentimento provocam feridas na alma e no coração. Se não as curamos de forma total, elas sangrarão constantemente. Durante anos levamos dentro de nós, ocultos, rancores e desejo de nos vingarmos daqueles que alguma vez nos fizeram mal. Portanto, se não deixarmos que Deus intervenha e nos cure, essas marcas nunca se apagarão dentro de nós.

Cada sentimento de rancor, ódio ou ressentimento é uma porta aberta para o diabo. Esses sentimentos produzem, sob o controle do inimigo, diferentes conseqüências, como desejo de suicídio, depressões, demências e enfermidades físicas. Setenta por cento das pessoas que são levadas para o local de libertação durante as minhas campanhas apresentam problemas de possessão demoníaca. Em sua maioria, os problemas espirituais que elas apresentam devem-se à falta de perdão.

Em Efésios o Senhor nos ensina: "Irai-vos, e não pequeis: Não se ponha o sol sobre a vossa ira, e não deis lugar ao diabo" (Ef 4:26,27). Deus sabe que alguma situação pode levar-nos à ira, mas ele não aceita que este sentimento perdure durante mais de um dia. Cada noite antes de nos deitarmos devemos colocar as nossas contas em dia, tanto com o Senhor como com aquele a quem temos ofendido ou que nos ofendeu.

Se ao longo de nossa vida temos cometido pecados contra Deus, ele é fiel e justo para nos perdoar. Ele nos diz: "E jamais me lembrarei dos seus pecados e das suas iniqüidades" (Hb 10:17).

Muitas pessoas, inclusive cristãs, não estão convencidas ainda da imensa importância do perdão. Porém, para Deus, desprezar e não perdoar a um irmão é homicídio: "Todo o que odeia a seu irmão é homicida. E vós sabeis que nenhum homicida tem a vida eterna permanente em si" (1Jo 3:15). Você pode entender agora o que estou querendo dizer? Deus nos ensina que aquele que diz estar na luz, mas guarda ira ou ressentimento contra seu irmão, ainda está nas trevas (veja 1Jo 2:9-11). Mas também ele diz que, se amamos aos nossos irmãos permanecemos na luz, e ali não há tropeço.

Veja bem, querido irmão. Não sou eu quem está lhe dizendo isso. É Deus quem está dizendo. Em 1João 4:20 aprendemos que, se amarmos a Deus, mas aborrecermos ao nosso irmão, somos mentirosos. Se ao nosso irmão, a quem podemos ver, não amamos, como vamos amar a Deus, a quem não vemos? Daí a razão deste mandamento: "Quem ama a Deus, ame também a seu irmão" (1Jo 4:21).

O perdão traz reconciliação

Em várias oportunidades falei com pessoas que não perdoavam a si mesmas por terem tomado decisões erradas e desastrosas, por terem se envolvido em situações lamentáveis ou terem cometido erros na vida. Também encontrei outras com ressentimento para com Deus porque criam que ele lhes havia castigado indevidamente, permitindo que elas ficassem doentes ou sofressem outro infortúnio na vida.

O apóstolo Paulo diz o seguinte a respeito do perdão:

> E a quem perdoardes alguma coisa também eu. E o que eu perdoei, se é que tenho perdoado, por amor de vós o fiz na presença de Cristo, para que não sejamos vencidos por Satanás (2Co 2:10,11).

Se aqueles que têm feridas e raízes de amargura em seus corações não cumprirem em primeiro lugar a lei espiritual do perdão, darão vantagens ao diabo e este abrirá uma porta para os seus planos e ataques. Satanás lança artimanhas e lutas sobre a vida das pessoas que ainda não entregaram tudo ao Senhor, inclusive o ódio e o rancor.

Sabemos que Satanás é aquele que veio para matar, roubar e destruir, e que nesses últimos tempos ele tem soltado no mundo milhões de demônios para causar inimizade entre as pessoas. Ele tem lançado pais contra filhos, esposos contra esposas, sogras contra noras, amigos contra amigos e vizinhos contra vizinhos, porque sabe que, se não perdoarmos e se ficarmos inimigos uns dos outros, bloquearemos o caminho da bênção de Deus para a nossa vida.

O apóstolo Paulo nos ensina em Romanos 5:10,11: "Pois se nós, quando éramos inimigos, fomos reconciliados com Deus pela morte de seu Filho, muito mais, estando já reconciliados, seremos salvos pela sua vida. Não somente isto, mas também nos gloriamos em Deus por nosso Senhor Jesus Cristo, por intermédio de quem agora alcançamos a reconciliação".

Da mesma maneira que ao recebermos a Cristo em nosso coração nos reconciliamos com Deus, Paulo disse também que Deus, que nos reconciliou consigo mesmo por meio de Cristo, nos deu o ministério da reconciliação. Não somente nos reconciliou com ele, mas também nos colocou em condição de nos reconciliarmos com todos os que nos ofenderam ou nos feriram.

A palavra reconciliação vem do latim *reconciliatio* e se refere à ação de reconstituir relações quebradas. Está relacionada também com o verbo grego *katallage*, que significa mudar completamente. Existem vários exemplos de perdão e reconciliação, porém os mais claros foram realizados por Jesus, que perdoou a Judas, a Pedro e aos que o crucificaram, ao dizer: "Pai, perdoa-lhes porque não sabem o que fazem".

O mesmo Espírito Santo que ungiu a Cristo é o mesmo que está morando em nós. Quando prego acerca do perdão, quase sempre ouço pessoas gritando no meio da multidão: "Senhor, eu perdôo!". Nesse instante essas pessoas recebem o milagre que com tanto desejo e fé estavam pedindo e são cheias do Espírito Santo. Isto nós podemos exemplificar da seguinte maneira: se você quer encher uma garrafa com água, mas a submerge com a boca vedada, você pode passar horas e horas esperando que a água entre dentro dela, mas não entrará uma só gota. Porém, se você tirar a tampa, a garrafa se encherá. A mesma coisa acontece em nossa vida. É necessário tão-somente que você tire a tampa, que é a falta de perdão, para que a graça de Deus entre em sua vida. Remova essa tampa, pois é ela que não está permitindo que o Espírito Santo de Deus flua com liberdade para dentro do seu coração.

Em 1994 convidaram-me para uma das conferências anuais das Assembléias de Deus da Dinamarca, e lá eu preguei uma noite sobre o poder do perdão. No momento em que eu pregava, minha atenção foi despertada para um jovem que, apoiado em duas muletas, aproximou-se do altar chorando e gritando: "Eu perdôo ao meu pai. Senhor, eu o perdôo". Instantes depois vi que aquele rapaz lançava fora as muletas e subia correndo à plataforma para dar testemunho. Deus o havia curado!

Se seu irmão pecou contra você, você deve perdoar a sua ofensa. É necessário lembrarmos que com a mesma medida com que nós medirmos seremos medidos também. Em Marcos 11:25 está escrito: "E quando estiverdes orando, se tendes alguma coisa contra alguém, perdoai, para que vosso Pai, que está nos céus, vos perdoe as vossas ofensas". O segredo está em confessarmos. Talvez não possamos ir até a pessoa com quem estamos com problema, porque talvez ela já tenha morrido ou tenha mudado para bem longe. Mas se pudermos confessar perante Deus e declarar o nosso perdão pronunciando o nome da pessoa, a obra será feita. Podemos dizer: "Senhor, eu perdôo o João". Tanto Deus como o próprio diabo estão escutando. No momento em que você pronunciar essas palavras com sinceridade e do mais profundo de sua alma, o Espírito Santo encherá seu coração de amor e cicatrizará toda ferida. Então o diabo verá que você está em obediência diante de Deus, e pela porta da falta de perdão ele saberá que não pode mais atormentar a sua vida.

O Senhor perdoou a traição de Judas, a negação de Pedro, aos que o crucificaram. Ele também pôde perdoar todos os seus pecados e os meus. Reflita sobre essas palavras. Peça ao Espírito Santo que ministre em sua vida, que navegue por esses escuros lugares do seu coração, lugares que nem você nem ninguém além dele conhece e onde estão guardadas as feridas que durante anos você quis esconder e manter em silêncio.

É sua decisão, não espere mais. A falta de perdão freia as bênçãos de Deus para a nossa vida. Decida-se a restaurar os relacionamentos quebrados, e então você será cheio das bênçãos de nosso glorioso Senhor.

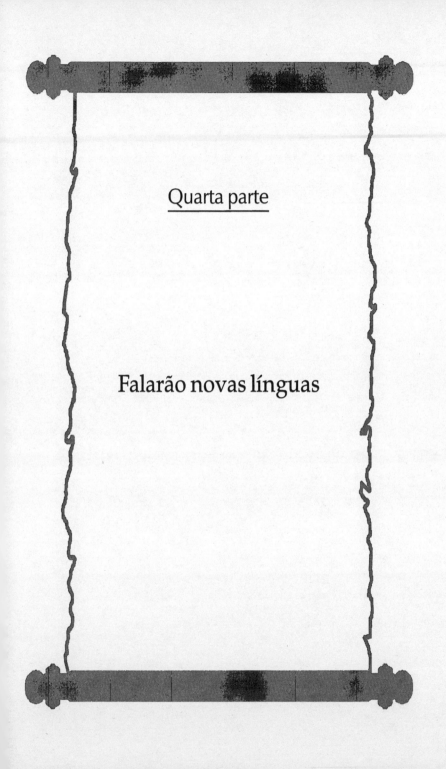

Quarta parte

Falarão novas línguas

Capítulo 10

O batismo no Espírito Santo

Quem pode mudar a vida das pessoas? Não existe homem que possa por si mesmo realizar uma mudança radical em sua própria vida, uma mudança que permaneça. A pessoa, pelos seus próprios esforços, pode até modificar alguns hábitos de vida. Mas, com o passar do tempo, ela voltará às antigas práticas. Só o Espírito Santo pode transformar o ser humano e fazer com que essas mudanças perdurem.

Durante muitos anos acreditamos que o Espírito Santo só atuaria na vida de uma pessoa se ela antecipadamente começasse a se esforçar para viver em santidade. Porém, meditando mais a respeito desse assunto, entendi que o Espírito Santo é quem começa e dá prosseguimento à obra de santificação na vida das pessoas. Eu não posso fazer nada antecipadamente por meio dos meus próprios esforços. Para ser batizado e tornar-me cheio da graça, necessito que o Espírito Santo venha sobre mim. Como é que conseguirei ser santo se o Espírito Santo não estiver em mim?

Tentei muitas vezes, pelos meus próprios esforços, mudar minha vida e não pude. Só o consegui quando conheci o Senhor Jesus e o Espírito Santo começou a operar dentro de mim. É necessário termos o Consolador dentro de nós para alcançar sua santidade e receber sua plenitude. Por meio das campanhas e dos inúmeros testemunhos que tenho ouvido nelas, Deus tem me mostrado o poder e a obra maravilhosa que o Espírito Santo realiza na vida das pessoas, mesmo naquelas que não fazem o mínimo esforço para isto.

Numa das primeiras campanhas que realizei, enquanto eu pregava, vi uma mulher tentando, com muita dificuldade, aproximar-se da plataforma. Ela segurava firmemente o braço de um homem totalmente embriagado. Estava tão bêbado que não podia manter-se de pé. A mulher dava dois passos para frente, e o homem dava um passo para trás. Finalmente a mulher chegou diante da plataforma e ficou parada ali, ouvindo a mensagem junto com o bêbado. Quando comecei a falar do pecado e do perdão, pedi que todos os que queriam receber o perdão de Deus levantassem o braço e entregassem seu coração ao Senhor. Então vi que aquela mulher levantou a mão do homem e o incentivou a repetir a oração.

Ao ver aquela cena, pensei que aquela senhora fosse uma cristã que com muito esforço tinha trazido o esposo alcoólatra para ouvir a Palavra de Deus. Trazê-lo assim preso pelo braço era a única maneira de ele não fugir. Continuei orando pelas almas que se entregaram ao Senhor. Orei pela libertação delas, pelos enfermos, e por último orei pelo batismo no Espírito Santo.

Naquela noite muitas pessoas deram seu testemunho de cura e libertação. Quando eu já havia até esquecido a cena da mulher arrastando o bêbado pelo braço, vi que o bêbado havia subido à plataforma. Preocupado com o que ele pudesse aprontar, comecei a olhar para os meus colaboradores a fim de pedir-lhes que fizessem o homem descer. Não era a primeira vez que um bêbado tentava subir ao púlpito para atrapalhar o trabalho. Porém, ao me aproximar do homem para fazê-lo descer, notei que ele estava sóbrio e sorridente, e não mais cambaleava.

Isto me surpreendeu. Ele ergueu a mão e, quando perguntei-lhe o que ele queria dizer, constatei, para minha surpresa maior, que ele estava falando em outras línguas! Olhei para a esposa dele e ela estava saltando de felicidade. Seu esposo havia chegado àquela reunião em um estado deplorável, como um incrédulo totalmente embriagado, mas naquele momento estava ali de pé, sóbrio, pronto para dar o seu testemunho e cheio do Espírito Santo. Arrastado pela esposa, aquele homem havia percorrido somente alguns metros que o separavam da plataforma, e Deus coroara os esforços daquela mulher mudando completamente a vida do seu marido. Posso garantir que aquele homem não fizera o mínimo esforço, mas assim mesmo tinha sido alcançado pela graça de Deus.

Essa experiência mostra que, para sermos cheios do Espírito Santo, só temos de pedir a Deus que nos encha da sua graça. Quando vem sobre nossa vida, ele nos transforma, nos santifica e nos enche de amor.

O Espírito Santo em nós

Certa vez um rapaz, ladrão de profissão, aproximou-se do local onde estávamos pregando durante uma campanha realizada na cidade de Bahía Blanca, Argentina. Algo havia despertado sua curiosidade, e ele ficou ali parado, ouvindo. Ele e outros ladrões haviam planejado assaltar uma casa naquela noite. Porém, enquanto esperava que a hora passasse para poder ir encontrar-se com os amigos e realizar o assalto, aquele rapaz ouviu falar sobre o poder de Deus, que transforma vidas. Nós bem sabemos que todo aquele que comete pecado não é feliz com aquilo que faz. A grande maioria das pessoas que vive afundada no pecado deseja mudar de vida. Porém algo muito forte que habita em seu interior não lhes permite. É o diabo, controlador de suas vidas.

Mas quando aquele rapaz ouviu o convite para aceitar Jesus, levantou a mão. Quando todos os que haviam respondido positivamente ao convite estavam reunidos diante da plataforma, eu os orientei a repetir comigo a oração para que Deus os transformasse em novas pessoas. Aquele rapaz fez isso, e depois ele contou que naquele instante um fogo entrou no seu corpo e o sacudiu da cabeça aos pés. Ele começou a chorar, e a partir daquela noite sua vida foi totalmente transformada. Nunca mais ele roubou. Quando o Espírito Santo entrou na vida daquele jovem, ele passou, em um instante, da morte para a vida. Ele era um ladrão e um drogado, mas tornou-se um cordeiro manso nas mãos de Deus.

O Espírito Santo realiza diversas tarefas em nós. Ele nos purifica, nos santifica, nos ensina a amar a Deus, nos ensina a orar. Quando um homem entrega totalmente sua vida a Deus, ele se torna cheio do Espírito Santo e torna-se um com ele: "Mas o que se une ao Senhor é um espírito com ele" (1Co 6:17). Por meio desse Espírito que vive em nós obtemos luz, e ele nos guia para entendermos muitas coisas que antes não entendíamos nem discerníamos: "Ora, o homem natural não compreende as coisas do Espírito de Deus, pois lhe parecem loucura, e não as pode entendê-las, porque elas se discernem espiritualmente" (1Co 2:14).

Mas como podem existir crentes que vivem de fracasso em fracasso, de fraqueza em fraqueza, mergulhados em uma mediocridade espiritual, se está neles o Espírito Santo que os encheu naquele primeiro dia de conversão? É muito simples. Tudo depende do lugar que a pessoa dá ao Espírito em sua vida. Ele quer tudo de mim, mas só ocupará o espaço que eu lhe der, por meio de minha própria vontade. Ele não tomará esse espaço por violência. Quando a pessoa está cheia do Espírito Santo, podemos medir isso pelos seus frutos. Ela pode estar cheio de Deus, ter recebido o Espírito Santo e seu batismo, mas no decorrer de sua vida talvez ela se tenha enfraquecido e venha perdendo essa plenitude. Deus pode encher-me do seu Espírito Santo em um segundo, mas depois dependerá de mim manter-me ou não dessa forma.

Conheço muitas pessoas que têm-se sentido cheias do Espírito Santo durante algum tempo, mas em seguida se enfraqueceram. Também conheço outras que experimentaram o batismo de maneira muito simples, mas o entesouraram e cuidaram da sua temperatura espiritual, e hoje se mantêm ativas e vivas na igreja. O simples fato de olharmos a pessoa não nos capacita a sabermos se ela está ou não cheia do Espírito de Deus. Quando as pessoas se encontram no meio de uma luta ou de uma prova e ainda se mantêm alegres e otimistas, essas estão cheias do Espírito Santo. Quando estiverem em perigo de morte, permanecerão firmes. Aquele que tem o Espírito Santo em sua vida é aquele que confia plenamente em Deus e demonstra isso com atitudes de fé e plenitude.

Recebi o batismo no Espírito Santo de maneira explosiva e incrível, mas depois tive de lutar fortemente para manter suas manifestações em mim. Na noite em que o Espírito Santo me batizou, ele marcou com força a minha vida e o meu ministério. Em uma reunião com o evangelista Manuel Ruiz, começamos a orar e a louvar a Deus. Em questão de minutos a maioria dos que ali estavam reunidos começou a falar em novas línguas. Maria, minha esposa, parecia um anjo. Cantava e falava em novas línguas com muita fluidez. Naquele instante percebi que todos estavam recebendo o batismo no Espírito Santo, exceto eu. Do mais profundo de minha alma desejei receber o mesmo batismo que os outros tinham recebido. Comecei a clamar a Deus, dizendo-lhe de todo meu coração: "Senhor, batiza-me, ou então eu morrerei!". Fazia só uma semana que eu havia conhecido a Jesus Cristo e já estava tendo essas experiências maravilhosas com o Senhor.

Enquanto clamava com toda a força da minha alma pelo batismo, um raio do céu caiu sobre mim. O poder de Deus me derrubou no chão daquela sala, e comecei a falar em novas línguas. Um idioma após outro vinha à minha boca, e durante toda aquela noite falei em outras línguas. No dia seguinte eu estava totalmente afônico. Minha voz nunca voltou a ser a mesma depois daquela experiência. Mas enquanto estava sendo batizado, o Senhor deu-me uma visão. Eu me via em um estádio, falando a umas 150 mil pessoas. Eu gritava fortemente tentando explicar-lhes o que me havia acontecido, o que era o batismo no Espírito Santo. Por isso gritei durante uma hora e meia falando em línguas.

Essa foi minha experiência pessoal com o batismo no Espírito Santo. Certamente, naquele momento eu ignorava que Deus estava dando-me uma visão sobre o que viria a ser o "meu chamado para pregar o evangelho".

Naquela noite os vizinhos me escutaram gritar, falando em idiomas diferentes durante várias horas. Mas suponho que, acima de tudo isto, o que mais lhes chamou a atenção foi ver-me no outro dia cumprimentando a todos da maneira mais natural possível. Eu era um homem de negócios muito importante e minha vida girava unicamente em torno de minha empresa e de minha família. Mesmo vivendo há muitos anos na mesma casa, eu nunca havia parado para cumprimentar os meus vizinhos. Porém, naquela manhã, vários deles estavam na varanda de suas casas conversando, talvez falando sobre o que tinham escutado na noite anterior.

Ao sair para o trabalho, parei diante deles, cumprimentei a todos e lhes disse: "Que o Senhor os abençoe!". Surpresos, eles me responderam: "E que o senhor tenha um bom dia, seu Carlos!". Ao chegar à minha empresa, abracei os clientes, e muitos deles perceberam que algo diferente me havia acontecido. Um fogo queimou os seus corpos quando eu os abracei ou os cumprimentei, apertando suas mãos. Então me perguntaram o que havia acontecido, e eu lhes testifiquei de Jesus.

A partir daquela noite em que recebi o batismo no Espírito Santo, comecei a ter experiências sobrenaturais. Certa vez toquei em uma pessoa e ela saltou pelo ar, caindo a dois metros de distância. Quando fui a uma residência para tratar de negócios, os espíritos imundos começaram a se manifestar. Muitas das coisas aconteciam sem que eu as compreendesse, pois eu tinha pouquíssimos dias de crente.

A Bíblia conta que Deus ungiu com o Espírito Santo e com poder a Jesus Cristo. Ele andou fazendo o bem e curando os oprimidos pelo diabo porque Deus estava com ele (veja Atos 10:38). Ele também está conosco. O Espírito Santo não vem habitar em nós só para que falemos em novas línguas ou caiamos no chão. O Espírito Santo não vem só para que dancemos de alegria no Espírito, ou para que choremos. Ele é a manifestação viva em nossa vida do poder de Deus que nos unge para praticarmos o bem, para libertarmos os oprimidos pelo diabo e para proclamarmos o evangelho de Jesus. Este é o seu propósito principal.

Em minha vida, a manifestação visível do poder do Espírito Santo foi inicialmente eu ter caído e ter falado em novas línguas. O Espírito Santo continuou atuando por meu intermédio quando eu orava por alguém pedindo cura ou quando eu pregava falando de Cristo e a pessoa chorava, dizendo que queria aceitar Jesus. É por esse motivo principal que a unção do Espírito Santo vem sobre o cristão. Para que ele testifique de Jesus Cristo. O batismo no Espírito Santo tem em nossa vida um propósito, o mesmo propósito que teve na vida de Jesus, quando ele foi batizado. O Espírito Santo vem com poder, dando-nos sinais, conhecimento, revelando-nos muitas coisas e ajudando-nos a permanecer firmes em Deus. Se aprendermos a depender dele constante e permanentemente, ele nos guiará.

O grande perigo que corremos quando nos envolvemos em atividades múltiplas é nos profissionalizarmos e não pararmos mais para consultar o Espírito Santo. É não pedirmos mais para ele resolver determinada situação, ou não o consultarmos mais acerca de como agir diante de determinado problema. Muitos crentes, após converter-se, pedem ao Senhor o batismo no Espírito Santo. Porém, depois que o recebem, não zelam por essa dádiva de Deus e a perdem. É de nossa responsabilidade conservar e desenvolver nosso relacionamento com ele dia após dia. Se você já recebeu o batismo no Espírito Santo, tenha muito zelo por esse grande presente de Deus! Não deixe de falar em línguas. Conserve esse relacionamento tão especial de comunhão direta com o Espírito Santo, e ele o guiará em cada passo pelo caminho, até a eternidade.

O Espírito Santo na Igreja

Jesus sabia que a Igreja necessita de poder e que sem esse poder ela não estaria capacitada para ministrar a graça e o amor dele aqui na terra. Por isso Deus enviou o Espírito Santo para que seus seguidores recebessem seu poder e fossem testemunhas eficazes da sua mensagem e da sua verdade.

> Envio sobre vós a promessa de meu Pai; mas ficai na cidade, até que do alto sejais revestidos de poder (Lc 24:49).

> Mas recebereis poder, ao descer sobre vós o Espírito Santo, e sereis minhas testemunhas, tanto em Jerusalém como em toda Judéia e Samaria, e até os confins da terra (At 1:8).

Portanto, Deus escolheu um dia para que tal acontecimento ocorresse, o Pentecostes. Esse foi o dia que ele decidiu que a Igreja nasceria em Jerusalém, a Igreja de Jesus. Isto aconteceu há dois mil anos. O Dia de Pentecostes era muito especial para os israelitas, pois eles celebravam a Festa das Primícias. Essa festa acontecia cinqüenta dias depois da Páscoa judaica. Naquela data muitos judeus que se encontravam em diferentes cidades e nações, talvez muito distantes umas das outras e espalhadas pelo mundo, dirigiam-se a Jerusalém para festejar a Festa das Primícias.

A Bíblia diz que Jesus pregou a milhares de pessoas e elas foram curadas e libertas, e em seguida apareceu a mais de quinhentas. Mas o que aconteceu depois? No Dia de Pentecostes estavam somente 120 pessoas no primeiro andar de um salão. Onde estariam as milhares de outras que haviam sido curadas? Onde as quinhentas que haviam visto a Jesus? Só cento e vinte pessoas estavam esperando a promessa que Jesus lhes havia dado. E o que aconteceu então? Um rugido como um vento impetuoso veio sobre elas e todas foram cheios do Espírito Santo. Começaram a falar em outras línguas como o Espírito lhes permitia que falassem. Esse foi o dia que Deus estabeleceu para que a Igreja nascesse e começasse a atuar com poder. O Espírito Santo capacitou a Igreja para ela realizar obras na terra.

Grande agitação aconteceu e imediatamente toda a cidade ficou abalada e curiosa. Cento e vinte pessoas que receberam o poder de Deus paralisaram uma cidade. Pessoas cultas e esclarecidas observaram que pessoas que nunca haviam estudado outros idiomas agora estavam falando em outras línguas. E não faltou até quem as acusasse de estar embriagadas. Imaginem aquela cena. Ali estavam os cento e vinte crentes com suas mãos levantadas falando em diferentes idiomas, alegres, aplaudindo, talvez até pulando ou dançando. Obviamente isto escandalizou a todos aqueles religiosos.

Os tempos não mudaram muito. Se alguns religiosos vierem a algumas das nossas reuniões, como muitas vezes acontece, também se escandalizarão. Mas graças a Deus que o Espírito Santo não nos pede permissão para atuar como ele quer em cada vida.

Lembro-me da campanha em Córdoba, uma cidade considerada culta. Havia muitos médicos e advogados colaborando conosco e pessoas de diversas universidades. Mas a cidade inteira se escandalizou porque, noite após noite, milagres e maravilhas aconteciam, e milhares de pessoas eram curadas, libertas e falavam em novas línguas. Porém, o que mais chamou a atenção no meio de tudo isso foi o fato de durante aquela campanha mais de oitenta e cinco mil almas terem se convertido a Jesus Cristo. Bendito seja aquele escândalo realizado no nome de Jesus!

Naquele Dia de Pentecostes, a cidade toda se alvoroçou. Muitos religiosos quiseram parar aquele movimento, mas Pedro levantou-se diante de todos, aquele mesmo Pedro que havia negado a Jesus. Agora ele estava sem medo e pronunciou o seu grande discurso evangelístico, dizendo:

> Estes homens não estão embriagados, como vós pensais, sendo a terceira hora do dia. Mas isto é o que foi dito pelo profeta Joel: Nos últimos dias, diz Deus, do meu Espírito derramarei sobre toda a carne. Os vossos filhos e as vossas filhas profetizarão, os vossos jovens terão visões, e os vossos velhos sonharão sonhos (At 2:15-17).

Se você até hoje tem sido simplesmente um religioso, deixe a religiosidade de lado e peça a Deus que o encha do Espírito Santo. Não viva cheio de religião, e sim cheio do poder de Deus! Os religiosos dirão: "O falar em novas línguas foi para os apóstolos! As profecias foram para os apóstolos!". Mas a Bíblia diz que Jesus Cristo é o mesmo ontem, hoje e eternamente.

Estamos vivendo aqueles dias sobre os quais a Palavra de Deus falou que nossos filhos profetizariam. Isto é o que está acontecendo hoje. Há alguns anos, em 1981, os meus filhos de doze, nove, oito e três anos, junto com uma menininha de alguns meses, disseram-me que queriam receber o batismo no Espírito Santo. Fiquei surpreso e lhes respondi: "Muito bem, se vocês querem que Deus os batize, vão para o quarto de vocês e comecem a orar". E assim eles fizeram. Foram para o quarto deles e pediram a Deus que os batizasse. A menininha de meses estava também ali, nos braços da babá. Alguns minutos depois escutei um barulho muito grande no quarto. Então eu disse à minha esposa: "Vamos ver as nossas crianças, porque Deus as está visitando". Quando entramos no quarto, a mulher que cuidava do bebezinho tremia. Ela só tinha alguns dias de crente, mas já estava falando em novas línguas e profetizando. Minha filha mais velha estava caída no chão, profetizando. O restante das crianças também estava falando em outras línguas.

Imediatamente eu e minha esposa passamos a orar juntos com os nossos filhos, e o nosso filho mais velho começou a profetizar em uma língua parecida com o alemão. Naquele momento pedi ao Senhor a interpretação daquelas palavras, e Deus me disse que eu colocasse as mãos sobre minha esposa, e ela as interpretaria. E assim eu fiz, enquanto todos continuavam orando. Minha esposa, que naquele momento tinha o bebê nos braços, o colocou na cama e imediatamente começou a dizer: "Logo, logo, grande avivamento acontecerá na Argentina, e a Argentina será minha, diz o Senhor". Meu filho continuou repetindo a profecia nessa língua que nós não conhecíamos. No meio daquele fogo que havia caído no meu lar, o Senhor deu uma palavra a cada um de nós, e declarou que realizaria um grande avivamento na Argentina. Nós só tínhamos dois anos de crentes, e nosso ministério não havia começado ainda.

Quando eu disse na minha igreja que Deus realizaria um grande avivamento na Argentina e que milhares de pessoas se converteriam, vários irmãos riram. Mas naquela mesma noite em que Deus havia mostrado o seu plano para o nosso país, eu lhe disse: "Senhor, não queremos ficar fora do que estás para fazer na Argentina".

Posso dizer hoje que o Espírito Santo, a partir daquele dia, começou a me revelar coisas sobre o ministério evangelístico que hoje estamos desenvolvendo. Em certa medida, Deus manifestou em nós por antecipação o que realizaria no ministério. Naquele mesmo ano o Senhor me mostrou em visão muitos livros escritos com meu nome. Foi então que eu lhe disse que só me decidiria a escrevê-los se ele me inspirasse e me ajudasse, porque capacidade eu não tinha.

O BATISMO NO ESPÍRITO SANTO   163

Existem muitos homens e mulheres hoje ao redor do mundo dizendo que são representantes de Deus na terra. Mas isso não é verdade. Deus tem um só representante, e esse é o Espírito Santo. A Palavra de Deus o afirma. O apóstolo Pedro recebeu essa Palavra do Senhor e citou a profecia de Joel, que diz:

> E também do meu Espírito derramarei sobre os meus servos e as minhas servas naqueles dias, e profetizarão. Farei aparecer prodígios em cima no céu, e sinais embaixo na terra, sangue, fogo e vapor de fumo. O sol se converterá em trevas, e a lua em sangue antes de chegar o grande e glorioso dia do Senhor. E todo aquele que invocar o nome do Senhor, será salvo (At 2:18-21).

E assim Pedro falou aos que estavam buscando uma explicação para aquele fenômeno no dia de Pentecostes. O resultado foi a conversão de mais de três mil pessoas, que foram batizadas nas águas e perseveraram na doutrina dos apóstolos.

Deus prometeu que faria prodígios nos céus e sinais na terra. E isto será para todos os seu servos e servas, para a sua Igreja. Você está preparado para receber os sinais que ele prometeu? Você quer receber a plenitude de Deus? Levante seus braços para o céu e comece a orar a Deus, dizendo:

> *Jesus, minha alma te louva. Eu te amo, Jesus Cristo.*
> *Glória, glória, glória a ti, ó meu Senhor.*
> *Enche-me agora com o teu Espírito Santo.*
> *Limpa-me, transforma-me.*
> *Eu te louvo, Senhor.*
> *Glória a ti, Senhor.*

Continue orando sem cessar. Entregue sua língua ao Espírito Santo e, se à sua boca vierem palavras que você não entende, não as detenha, pronuncie-as. Adore a Deus. Deus lhe dará a dádiva de poder adorá-lo em outras línguas.

> *Senhor, glória, glória ao teu nome.*

Noite após noite o evangelista confronta as forças do inimigo com total autoridade.

O BATISMO NO ESPÍRITO SANTO 165

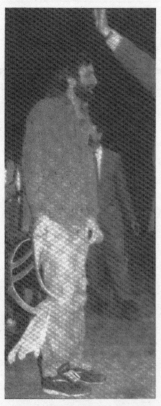

Após três anos sem poder caminhar, essa senhora sentiu um calor intenso durante a oração e foi milagrosamente curada. Esther Maria Bolleta, Rosário, Argentina. 19/11/96

Em todos os cultos, impressionantes milagres de cura são registrados pela equipe evangelística "Mensagem de Salvação".

Escute aqui, Satanás!... Após o confronto espiritual, pessoas são levadas até o local de libertação para receber a ministração dos obreiros.

Dezenas de equipamentos e uma verdadeira estratégia de guerra são utilizados em cada cidade onde o evangelista realiza sua campanha com a equipe "Mensagem de Salvação".

O BATISMO NO ESPÍRITO SANTO

A multidão que se reuniu no Utica Memorial Auditorium, em Utica, Nova Iorque, EUA.

O evangelista Carlos Annacondia e sua esposa Maria.

Milhares de pessoas comparecem às campanhas, famintas do poder sobrenatural que mudará suas vidas.

Carlos Annacondia pregando a mensagem da cruz às pessoas de Utica, Nova Iorque, EUA. Ao seu lado o irmão Stanley Black atuando como tradutor.

Três tendas são levantadas em cada campanha ao ar livre. A maior delas, com capacidade para cinco mil pessoas, é utilizada como auditório central, a outra como livraria e local de aconselhamento e uma terceira é usada como local de libertação das pessoas oprimidas ou possessas.

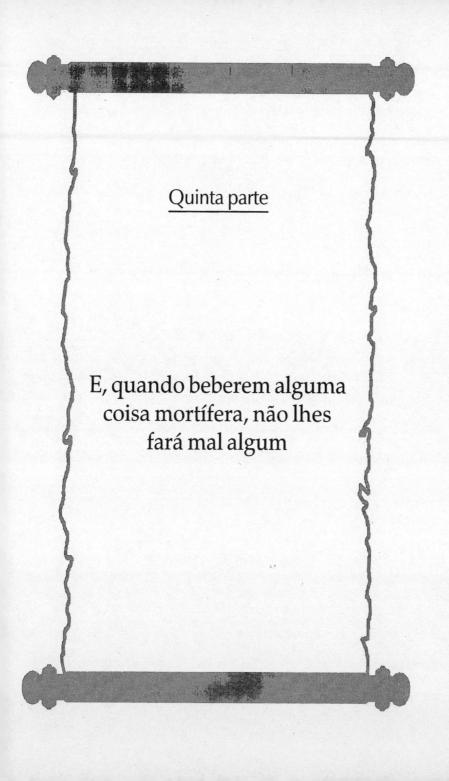

Quinta parte

E, quando beberem alguma coisa mortífera, não lhes fará mal algum

Capítulo 11

Cobertura espiritual

"Eu queria matar o evangelista"

Durante minha infância, meu pai castigou-me muito. Isto me levou a decidir sair de casa. Mal aconselhada, refugiei-me com um grupo de amigos que conhecera há pouco tempo. Eles diziam que cuidariam de mim e, que com eles eu estaria bem melhor do que em casa. Naquela primeira noite fora de casa comecei a fumar maconha, e a partir daquele momento iniciei meu envolvimento com as drogas.

Algo estranho passou a acontecer com o meu comportamento. Eu, que era uma moça muito tímida, passei a me despir com muita facilidade quando estava com meus amigos. Inclusive eles me fotografavam naquele estado. Levaram-me em seguida para viver com uma mulher que me ensinou coisas terríveis, como dançar e despir-me em público. A droga me tirava toda inibição e me deixava sem nenhum medo.

Com o passar do tempo, esses amigos me conduziram a uma sessão de espiritismo, dizendo-me que ali eu iria me sentir bem melhor. As correntes com que Satanás estava me acorrentando eram tão fortes que eu não podia cortar esse relacionamento. Se tentasse, recebia ameaças de morte. Um pacto me obrigava a ficar sempre ligada a eles.

À medida que passavam os dias, eu me drogava cada vez mais. Cheguei até a injetar drogas nos seios. A polícia me prendeu várias vezes, mas poucas horas depois me soltava, porque alguém pagava a fiança. Minha dependência era tão grande que cheguei até a assaltar uma farmácia para obter drogas.

Certo dia assisti a uma apresentação de um famoso cantor de rock nacional. Naquela mesma noite alguma coisa me uniu de tal maneira àquele homem, que eu o tornei o ídolo de minha vida. Comprei fotografias gigantes e camisetas com o seu rosto, e tudo quanto dizia respeito a ele.

Ali começou uma nova experiência satânica em minha vida. Aquela grande fotografia que eu havia colocado em meu quarto me falava. No princípio não acreditei, mas depois percebi que aquela imagem me dominava. Durante as conversas alucinadas que eu tinha com a fotografia, contei toda a minha vida a ela. Com o passar do tempo, cheguei a sentir que aquele personargem estava vivo dentro do meu corpo e me dominava.

Mais tarde a polícia voltou a me prender, e levaram-me para um centro psiquiátrico. Ali me fecharam em um quarto escuro e pequeno. Mesmo assim continuei possuída por aquele personagem da fotografia, "o cantor".

Quando o irmão Carlos Annacondia começou a realizar uma campanha na cidade de Rosário, eu já havia saído do centro psiquiátrico e senti muito desejo de participar de um daqueles trabalhos. Assim o fiz. Naquela noite, enquanto o irmão Carlos repreendia os demônios, alguma coisa fez com que eu me sentisse muito mal. Do lugar onde estava eu insultava e amaldiçoava o pregador. Eu gritava para que ele se calasse e não falasse mais.

Poucos dias depois, enquanto a campanha continuava ali, o personagem que me dominava disse dentro de mim: "Pega uma faca e mata o evangelista". Eu respondi que não poderia fazer aquilo, mas ele insistiu e me orientou da seguinte maneira: "Esconda a faca dentro da blusa. Quando ele se aproximar de você para orar, você o esfaqueia e mata. Não tenha medo porque eu vou estar lá para protegê-la".

Na noite daquele mesmo dia voltei ao local da campanha resolvida a matar o irmão Carlos Annacondia. Porém, quando no momento de receber a oração eu me aproximei dele e ele se aproximou de mim, o poder de Deus que veio sobre mim foi tão grande e me dominou de tal maneira, que eu caí no chão e tive de ser levada para o local onde os obreiros ministravam libertação e cura. Ali eles descobriram a faca escondida na minha blusa. Durante várias horas oraram por mim. Ali eu declarei que renunciava à autoridade daquele "cantor de *rock*" que me mantinha presa a ele. Pedi perdão a Deus por usar e traficar drogas, e por ter cometido diversos outros pecados e delitos. Ao alcançar a libertação espiritual, os espíritos saíram de mim. Quando a reunião terminou, o irmão Carlos se aproximou para orar por mim outra vez.

Durante o momento em que os obreiros estavam lutando por minha libertação, eu anotei num papel tudo o que os espíritos me diziam. Entre outras coisas, escrevi: "Annacondia, os espíritos te odeiam". Os demônios também me fizeram desenhar um caixão de defuntos com o irmão Carlos Annacondia dentro dele. Embaixo escrevi a frase: "Morte ao evangelista". Hoje, estou completamente livre e congrego em uma igreja da cidade de Rosário, junto com minha família.

Ana, cidade de Rosário, Argentina.

Durante a campanha em San Martín, na reunião da última noite havia mais de cem mil pessoas. Quando me preparava para subir à plataforma para orar pelas pessoas, um colaborador me disse:

— Não suba, irmão Carlos, não suba. Não faça isso!
— Por quê? O que está acontecendo? — perguntei, surpreso.
— Os encarregados da segurança nos disseram que em meio a todas essas pessoas há vários homens armados e dispostos a atirar no irmão assim que o senhor subir à plataforma.

— Não se preocupe — foi minha resposta. — Tenho de orar por todos esses enfermos. Eles necessitam disso, e esta é minha missão. E sei que Deus quer que eu o faça. Portanto, subirei à plataforma para orar pelas pessoas que necessitam do perdão e do amor de Jesus Cristo. Se ele quer que eu ore por elas, ele vai cuidar de mim. Em cinco minutos esses homens estarão se debatendo e sendo conduzidos para debaixo da tenda de libertação.

E assim aconteceu. No mesmo instante em que peguei o microfone e pronunciei a palavra "Jesus", os homens que estavam ali para me matar caíram no chão e ficaram se debatendo até serem levados para a área de libertação espiritual. Ali eles confessaram que tinham vindo para me matar. Um homem vestido de branco, sacerdote de magia negra, tinha providenciado carro e armas pesadas para que eles me matassem e fugissem. E lhes tinha pago muito bem. Porém o Senhor nos deu poder para pisarmos a cabeça de Satanás. Não cremos em um Deus de gesso nem de papelão, e sim em um Deus vivo e poderoso.

Esta e outras experiências pelas quais Deus me tem feito passar confirmam cada vez mais que ele opera de forma sobrenatural e diferente na vida dos seus servos. Uma dessas formas é a cobertura espiritual sob a qual pessoalmente tenho vivido, e que dia após dia me certifico que existe sobre mim. Deus promete que, como parte dos "sinais que hão de seguir os que crerem", está a proteção e a cobertura, tanto espiritual como física, aos nossos filhos e esposa.

A Palavra de Deus diz: "Pegarão em serpentes; e quando beberem alguma coisa mortífera, não lhes fará mal algum; imporão as mãos sobre enfermos, e os curarão" (Mc 16:18). No tempo em que essa passagem foi escrita não eram utilizadas armas de fogo para matar, e sim veneno de cobras. Era o meio mais simples e fulminante de matar uma pessoa, inclusive sem deixar pistas para se saber quem é que tinha cometido o crime. Certamente, a força de tal veneno era devido ao fato de naquela época não haver antídoto.

Portanto, mesmo que Satanás nos ataque interna ou externamente com seus venenos, nada do que ele lançar sobre nós terá efeito se contarmos com a proteção de Deus. Contudo, nunca devemos esquecer que, para alcançarmos tal cobertura e igualmente sermos protegidos dessas situações que acabei de citar, é necessário "crer".

Rifle com mira telescópica para matar

Em outra oportunidade, em uma das campanhas que realizamos na cidade de San Justo, em Buenos Aires, posicionado em um terreno baldio diante do local onde a campanha estava sendo realizada, um homem com um rifle de mira telescópica preparou-se para me matar. Mais tarde, ele mesmo contou no local de libertação que todas as vezes que enfocava a mira sobre mim, formava-se uma névoa na plataforma que não lhe permitia disparar. Ele via como que uma figura que me cobria. Isto aconteceu diversas vezes. O homem também contou que resolveu assim mesmo apertar o gatilho, mas a arma não disparou. Não havia explicação natural para aquele fato, pois a munição e a arma eram novas. Para testar a ambas, ele saiu do local onde estava e foi ver se a arma funcionava sobre outro alvo. Mirou em uma árvore e apertou o gatilho. A arma disparou. Mas, quando voltou para o terreno baldio, apontou de novo a arma para mim e apertou o gatilho, mas a arma não disparou. O homem ficou tão impressionado com aquilo que jogou o rifle fora e correu para aceitar Jesus. Ao se aproximar da plataforma, caiu endemoninhado e foi levado para o local onde os obreiros estavam trabalhando, e ali recebeu a libertação de Jesus Cristo.

Isto é o que acontece nas diversas campanhas das quais eu participo em todo o país e no exterior. Posso garantir que quem se compromete em cumprir a Grande Comissão, que ora pelos enfermos, que exerce autoridade para expulsar demônios terá ataques diretamente contra a sua vida. Quando a Igreja prega o evangelho completo certamente será atacada.

Os anjos me rodeiam

A Bíblia diz claramente: "O anjo do Senhor acampa-se ao redor dos que o temem, e os livra" (Sl 34:7). Em várias oportunidades, muitas das pessoas que se aproximaram do palanque durante as campanhas me contavam que, ao chegarem ali, viram anjos que me rodeavam. Elas ainda não eram crentes, mas mesmo assim viram anjos ao meu redor. Estes são os sinais sobrenaturais de Deus. Eu sempre peço ao Senhor que envie legiões de anjos para me rodear. Se eles ajudaram aos profetas, hoje podem também ajudar a nós. Os anjos são muito importantes na tarefa da evangelização.

Certa vez, ao concluirmos uma campanha na cidade de Mar del Plata, organizamos outra em um galpão em Buenos Aires. Era um lugar fechado, mas muito grande. Essa campanha duraria três dias. No momento em que comecei a pregar, ouvi pedras caindo sobre o teto do galpão. Interrompi a mensagem e disse diante de todos os que estavam ali: "Esta pessoa que está atirando pedras, antes que esta campanha termine, estará aqui diante de todos nós pedindo perdão a Deus e entregando-se a Jesus", e continuei a mensagem.

No segundo dia comecei a pregar, e outra vez as pedras começaram a cair. Eu não disse nada e continuei a entregar a mensagem da Palavra de Deus. Porém, quando chegou o momento dos testemunhos, um rapaz subiu à plataforma, chorando. Ele tinha vindo contar sua experiência, e disse:

> Era eu a pessoa que estava atirando pedras no teto deste galpão. Mas nem posso acreditar direito no que aconteceu comigo. Eu havia escolhido uma pedra muito grande para atirar sobre o teto. Era uma pedra especial, pois minha intenção era que ela furasse o teto e pegasse o pregador em cheio, matando-o. Mas, quando me preparei para atirar essa pedra, minha mão ficou paralisada. Os dedos se abriram e a pedra caiu aos meus pés. Porém não foi só isso o que me aconteceu. Senti que duas mãos pesadas pousavam em minhas costas e me empurravam, obrigando-me a andar metro após metro até aqui. Girei a cabeça para olhar para trás, mas não vi ninguém. Porém senti que a mão me empurrava novamente para a frente e, ao tentar olhar para trás, não vi ninguém outra vez. Foi desta forma, aos empurrões, que fui trazido até a porta deste lugar. O último empurrão que levei foi tão forte que me vi andando rapidamente no meio da multidão, e quando quis parar minhas pernas não me obedeceram.

Foi assim que aquele rapaz deu o seu testemunho. Naquela noite aquele moço aceitou a Jesus como seu único e suficiente Salvador. Porém, antes de descer da plataforma, ele me disse:

— Por favor, posso dizer só mais uma coisa?
— Claro — respondi.

Ele levantou as mãos para o céu e disse em voz alta:

— Esse Jesus é tremendo! — e desceu da plataforma chorando.

Aquela pessoa chegou ali odiando a Deus e a todos os que falavam sobre ele, mas saiu dali com a sua vida entregue a Jesus Cristo. Se você me perguntar quem foi que impulsionou aquele rapaz para dentro daquele lugar, eu lhe responderei que foi um anjo. Deus tem os seus anjos para nos ajudar na obra e na tarefa de evangelização.

Minha primeira campanha foi realizada em um bairro muito pobre de Buenos Aires. Ao finalizar a reunião, fiquei sabendo que entre as pessoas que haviam entregue suas vidas a Cristo estava o chefe de uma quadrilha de traficantes de drogas daquele lugar. Obviamente, era uma pessoa acostumada a fazer tudo o que era mau, alguém muito perigoso. Os amigos daquele homem pensaram que eu tivesse usado a técnica de lavagem cerebral, tão grande foi a sua mudança de vocabulário e comportamento. Eles não se conformavam em ver seu antigo chefe daquela forma. E disseram que iam me matar ainda naquela noite.

Quando o culto terminou, entrei no meu carro com minha família e preparei-me para sair dirigindo calmamente, de regresso ao meu lar. Na porta da igreja estavam os irmãos que me tinham falado sobre a reação dos bandidos. Eles se despediram de mim agitando as mãos. Naquele exato momento, um grupo de marginais saiu das sombras com armas engatilhadas para me atacar. Eu não os vi, e estendi a mão pela janela do carro para cumprimentar os irmãos que com tanta amabilidade estavam se despedindo de nós. Em seguida dei partida no carro e fui embora. No dia seguinte contaram-me que o grupo de rapazes que estava apontando armas para atirar no meu carro caiu no chão no momento em que eu agitei a mão para me despedir. Os irmãos que estavam diante da igreja viram toda a cena e me contaram depois.

Por meio de casos como esse, Deus nos ensina que é ele quem nos guarda. Satanás está sempre tentando nos tirar a vida de qualquer maneira, mas Deus nos diz que não devemos preocupar-nos, porque mesmo que nos derem veneno para beber, não nos fará mal algum. Temos a total proteção de Deus. Mas não devemos esquecer que o crente que faz a obra de Deus é uma pessoa que ataca os hostes de Satanás, e certamente Satanás não ficará quieto enquanto não eliminar esse crente do seu caminho.

Muitas vezes acreditamos que quem prega a Palavra de Deus não sofre ataques do diabo, mas pensar assim é um grave erro. Eu recebo ataques constantemente, e minha família também. Porém, não me preocupo, por que tanto minha esposa como meus filhos e netos estão fixados na rocha que é Cristo e contam com a total e absoluta proteção de Deus.

O carro velho estava pegando fogo

Existe um bairro muito pobre na Argentina chamado Itatí. É a região mais pobre e mais perigosa que eu conheço em meu país. Quando nós realizamos uma campanha ali, as pessoas se convertiam ao Senhor a cada noite e em grande quantidade. Em uma daquelas noites havia chovido muito e, como as ruas daquele lugar são de barro, eu não pude entrar com o meu carro por causa da lama. Portanto, decidi deixá-lo numa rua asfaltada e caminhar a pé até o local da campanha. Naquela noite, um grupo de marginais resolveu queimar o meu carro. Eu tinha um velho Citroën. Era um carro muito leve. Os bandidos poderiam virá-lo com a maior facilidade, jogar combustível nele e em seguida riscar um fósforo. Foi o que tentaram fazer. Mas o assombroso de tudo isto é que, todas as vezes que eles tentavam aproximar-se do carro, caíam no chão. Quando finalmente conseguiram aproximar-se do carro e quiseram empurrá-lo, perceberam que a lataria estava tão quente que lhes queimou as mãos. Eles não puderam tocar no carro. Um deles contou isto depois a um dos nossos conselheiros.

Algo parecido aconteceu em outra oportunidade, quando dois rapazes entraram durante a noite na tenda onde nós estávamos realizando os cultos e roubaram cadeiras, placas e outros objetos.

Os colaboradores da campanha ficaram irados por aquele ato e se perguntaram por que aquilo havia acontecido. Mas nós pedimos a Deus que tomasse uma providência.

Dias depois, os próprios ladrões voltaram com as placas e as cadeiras para devolvê-las. Contaram que estavam arrependidos do que haviam feito e que aqueles objetos tinham algo que não os deixava em paz. Cada vez que queriam sentar-se nas cadeiras, elas queimavam, e, quando colocavam as placas em suas casas, elas vibravam sem cessar. Eles se assustaram tanto que pensaram que fosse bruxaria.

Em cada uma dessas situações tenho visto a atuação do poder sobrenatural de Deus. Quando essas coisas começaram a acontecer, como os atentados, por exemplo, entendi o que o Senhor já me havia dito: "Vocês vão sair sob o meu poder e sob a minha proteção. E os sinais acontecerão. Os demônios serão expulsos, pessoas serão curadas e libertas. Portanto, tenham muito cuidado, pois o diabo vai tentar atacá-los. Mas eu vou proteger cada um de vocês". Tenho comigo uma coleção de armas de fogo, facas e punhais que as pessoas nos devolveram lá debaixo da tenda de libertação, dizendo: "Eu queria matar o irmão Carlos Annacondia com isto".

Geralmente nós não passamos por essas situações dentro da igreja, e sim nas ruas, onde o diabo tem estabelecido o seu reino. É nas igrejas que os "filhos de Deus" se reúnem, porém é fora delas, nas ruas, que estão "as criaturas de Deus". Muitos talvez perguntem: "Por que a igreja não passa por essas experiências e nós, como ministros do evangelismo, passamos?". A razão é muito simples. Nós estamos ministrando na rua, diretamente no campo de batalha onde Satanás atua. Porém, mesmo estando ali, contamos com a total proteção de Deus. Satanás quer deter o avanço da Igreja, mas a Igreja está crescendo cada vez mais. As manifestações do poder de Deus são cada vez maiores. Sempre que pregamos em parques, em praças, nas ruas, os sinais e maravilhas de Deus acontecem de maneira extraordinária.

Na parábola da ovelha perdida, Jesus nos fala do pastor que deixou noventa e nove ovelhas para sair em busca de uma que se havia perdido. Ele afirma também que no céu há muita alegria quando um pecador se arrepende. Deus se preocupa prioritariamente com um perdido, e não com noventa e nove justos que não necessitam mais de arrependimento, pois estes já estão sob sua proteção. O coração de Deus está com a ovelha perdida. Seus olhos estão sobre aqueles que necessitam diretamente de sua mão amorosa. Ele envia seus anjos para cuidarem de maneira especial daqueles que necessitam dele, particularmente os perdidos que estão correndo perigo de vida. A Igreja sabe que é de Deus, mas o mundo inteiro é governado por Satanás, e Satanás a cada dia arrasta milhares de pessoas para a perdição eterna.

> Sabemos que somos de Deus, e que o mundo inteiro jaz no maligno (1 Jo 5:19).

Se você quer estar no centro da vontade de Deus, deve buscar as almas perdidas. Ali Deus está, e todo seu poder sobrenatural encontra-se pronto para entrar em ação. Se você fizer isto, entrará em uma dimensão toda especial.

Mas se a Igreja não fizer isso, cometerá um grave erro que bloqueará seu crescimento e fará com que ela perca seu enfoque principal, que é a evangelização. Ela se transformará pouco a pouco em uma religião, em um local onde as pessoas se reúnem socialmente para observar costumes, e onde os poderes de Deus não mais se manifestarão. Jesus ensinava nas sinagogas, mas os sinais aconteciam fora das sinagogas, nas ruas. Ali era onde estavam as pessoas que tinham de ver para crer. Quando Moisés chegou ao Egito, os israelitas necessitavam ver sinais para crer que Deus o havia enviado. Eles jamais o teriam reconhecido como líder se não tivessem visto as manifestações que Deus realizou por meio dele. Sem os sinais divinos seremos meramente religiosos e a Igreja se transformará em uma religião. As manifestações de Deus são sinais para que o mundo creia e se salve. Portanto, a Igreja deve ter essas manifestações dentro de sua congregação.

Capítulo 12

Guerra espiritual I

O Deus sobrenatural

Todo dia 22 de cada mês é realizada uma festividade especial na igreja tradicional na cidade de Santiago del Estero, Argentina. Em outubro de 1990 as pessoas daquela cidade resolveram fazer uma procissão, levando nos ombros um andor com uma imagem. O trajeto a ser percorrido passava por uma das esquinas onde naquele ano estava sendo realizada uma campanha pelo evangelista Carlos Annacondia.

A procissão foi realizada, mas algo de sobrenatural e difícil de explicar aconteceu. As quatro pessoas que levavam a imagem em cima do andor caíram inesperadamente ao se aproximarem da esquina onde a campanha estava sendo realizada. Alguns dos fiéis que vinham logo atrás caíram também, sem nenhuma causa aparente. Naquele momento o evangelista estava orando para dar início à pregação. As pessoas que viram o ocorrido se assustaram e não entenderam exatamente o que estava acontecendo. Não sabiam que Deus estava atuando naquele momento com um propósito de salvação.

O padre que estava liderando aquela procissão levou um susto tão grande ao ver aquilo que mandou que outras pessoas pegassem a imagem e retornassem imediatamente para a igreja. Sua principal preocupação foi não deixar que a imagem se quebrasse, embora a tampa de cristal já estivesse totalmente quebrada. Algumas das pessoas que caíram foram para o hospital, mas nenhum médico conseguiu diagnosticar qualquer coisa de mais grave. E outras foram levadas para a tenda de libertação. Muitos dos fiéis que acompanhavam o padre sentiram curiosidade em saber o que estava acontecendo naquela campanha e, logo após guardarem a imagem, retornaram para o local do culto e ali aceitaram a Jesus como Salvador.

No dia seguinte, quando o padre soube do que tinha acontecido, moveu todas as autoridades policiais da cidade para suspender a campanha, mas não conseguiu. As reuniões continuaram com a bênção de Deus, e a cidade de Santiago de Estero viu maravilhas acontecerem ali. Vinte e oito mil pessoas aceitaram a Jesus Cristo como Salvador, e milhares delas receberam cura e libertação. O caso que mais impressionou a todos foi a cura de uma mulher cega de nascença.

João, Santiago del Estero, Argentina.

Nessa oportunidade relatada pelo jornalista, visitamos a cidade de Santiago del Estero para realizar uma campanha que durou quarenta dias. Antes da minha chegada, tinha se apresentado na cidade um conhecido sacerdote que praticava a parapsicologia e que estava percorrendo os países latinos-americanos negando os milagres, as curas, e dizendo que o demônio não existe. Ao chegar ali com o meu grupo do ministério "Mensagem de Salvação", parte da igreja oficial tradicional estava entusiasmadíssima, porque dias atrás havia tido a visita de um de seus expoentes mais famosos.

Nossa reunião foi realizada em um local ao ar livre. Para aquele local a igreja católica enviou um grupo de pessoas com o propósito de interferir na nossa campanha. Eles se encaminharam para o local onde estávamos, trazendo bandeiras, faixas e um andor com uma imagem. Quando chegaram a uns sessenta ou setenta metros, giraram a imagem com o rosto voltado para o local onde estávamos, tentando com isto causar em nós algum efeito. Naquele exato momento as pessoas que conduziam a imagem sobre os ombros caíram no chão, e muitas outras que vinham atrás também caíram.

A agitação foi muito grande, e muitas pessoas correram para ajudar as que estavam no chão. As outras pessoas que estavam em seus carros e viram tanta gente cair no chão pensaram que tinha ocorrido um acidente, e imediatamente avisaram às ambulâncias. Alguns padioleiros que trabalhavam em nossa campanha, ao verem o que tinha acontecido, correram para ajudar. Metade daquelas pessoas que faziam parte da procissão foi levada para o hospital, mas nenhuma delas tinha qualquer ferimento grave, e uma boa parte foi parar debaixo da tenda de libertação, onde aceitaram Jesus.

Se você me perguntar o que aconteceu naquele momento, eu só poderei lhe dizer que houve um confronto de forças espirituais. Em nenhum instante passou pela nossa mente querer prejudicar a procissão daquelas pessoas. Mas pelo visto elas é que estavam preocupadas com a campanha que estávamos realizando naquela cidade. Talvez tivessem pensado que, realizando aquela procissão, interfeririam negativamente sobre nossos trabalhos. Porém, para surpresa delas, o que aconteceu foi exatamente o contrário.

No espaço invisível sobre as nossas cabeças está sendo travada constantemente uma guerra espiritual visando à conquista das almas. Se a Igreja está sempre em constante oração e em constante sinceridade diante de Deus, milhares de almas são salvas e libertas das garras de Satanás. A Igreja tem autoridade para fazer isto. Deus nos entregou cidades, nações, povos e aldeias. Nós, como Igreja, devemos usar a autoridade que Deus nos deu.

De nada serve não levar em conta que o diabo é nosso eterno inimigo e constante adversário. Há muitos crentes que não querem pronunciar nem o nome dele, e dizem: "Não falo sobre Satanás". Mas isso não ajuda a nossa batalha em nada. Jesus citou o diabo pelo nome, enfrentou-o, expulsou-o e retirou dele toda a autoridade. Enquanto nós o ignoramos ele vive como um leão rugindo e buscando a quem devorar. Por isso é que nós o vemos hoje destruindo ministros, ministérios e igrejas.

O apóstolo João se expressou da seguinte maneira: "Sabemos que somos de Deus, e que o mundo inteiro jaz no maligno" (1Jo 5:19). Quando lemos sobre "o mundo", talvez o termo nos soe como algo muito abstrato, genérico. Porém a Bíblia nos esclarece esse conceito: "Quem não é por mim, é contra mim, e quem comigo não ajunta, espalha" (Mt 12:30). Há dois tipos de pessoas no mundo: as que são de Deus e as que não são. Sabemos que na terra são abundantes aqueles que não são de Deus, e nossa missão é levá-los aos pés de Jesus para que eles o conheçam e para que a Palavra de Deus os transforme.

A minha convicção é que já chegou o tempo de colocarmos em ação essa autoridade que Deus nos deu. Porém, muitas vezes, quando tentamos caminhar por nossa própria conta, o Espírito Santo de Deus nos toca no ombro e nos diz: "Por que você não deixa eu ir na frente?" No entanto, na realidade nós não queremos escutá-lo. Quisera eu que você pudesse entender quão grandes coisas Deus quer fazer por meio de sua vida e de seu ministério. Ele tem um propósito específico para cada um de nós. Portanto, temos de ser receptivos e deixar que Deus nos use para o engrandecimento de sua obra.

Muitos jovens me perguntam: "Irmão Carlos, o que o senhor fez para que Deus lhe desse esse ministério?". E eu lhes respondo: "Os dons são presentes de Deus, e como tais não podem ser comprados. Nós não podemos pagar por eles. Deus os entrega à sua Igreja para que ela os use de graça". Tudo o que eu pude fazer para que Deus me abençoasse, como orar e jejuar, eu fiz. Sempre me esforcei para que ele me fortalecesse e me desse coragem para eu resistir em todos os momentos em que deparasse com o diabo. Mas acredito que não temos de pagar nada a Deus por qualquer coisa que ele nos tem dado. Ele deseja ungir-nos, dar-nos graça, tudo como uma dádiva, um presente do céu, para que você possa fazer a mesma obra que Jesus fez aqui na terra.

O primeiro passo que um crente deve dar para agradecer a Deus é esforçar-se para viver uma vida de conversão sincera e de consagração diante dele. Na realidade, isso não é fácil. Devido a diversas situações que fazem com que o homem perca a bênção de Deus, muitas vezes queremos que o Senhor nos dê da sua bênção e da sua graça, mas não estamos dispostos a lhe entregar tudo o que ele nos pede. Li certa vez uma história que ilustra exatamente o que eu estou dizendo. Uma criança perguntou ao seu pai:

— Papai, você pode consertar este caminhão?

O pai segurou o brinquedo, inspecionou-o e em seguida respondeu ao menininho:

— Filho, se você me der as peças que estão faltando, eu o consertarei.

— E o que está faltando? — quis saber o menino.

— Estão faltando as rodas, o pára-choque e as portas. Se você me der essas peças, eu o consertarei.

A criança foi até um caixote onde guardava os seus brinquedos e ali encontrou quase tudo, menos uma roda. Porém, depois de muito procurar, ela a encontrou. O pai pôde finalmente consertar o brinquedo e o filho ficou muito contente.

Se você disser a Deus: "Senhor, eu quero que tu me uses. Quero que coloques a minha vida em ordem. Quero a tua unção", ele nos mandará mudar coisas que ainda não estão completamente corretas em nossa vida. Ele pedirá que façamos uma entrega completa da nossa vida a ele. Só quando fizermos isso ele poderá usar-nos. Quando você caminha na perfeita vontade de Deus, as coisas acontecem sem que seja necessário preocupar-se.

Um dia fui a um hospital para orar por um enfermo. Na cama ao lado havia um homem à morte, e eu não sabia. Orei pela pessoa a quem eu havia ido visitar, e ela ficou curada. Mas o surpreendente foi que, depois que saí do hospital, o homem que estava quase morto na cama ao lado levantou-se e produziu um grande alvoroço naquela enfermaria ao constatar que havia sido curado. Eu não soube nada do que havia acontecido até que algumas pessoas que testemunharam os acontecimentos me procuraram para contar.

Quando caminhamos dentro da vontade de Deus, as coisas acontecem. O importante é termos sua unção! A coisa mais maravilhosa que Deus pode dar-nos, depois da salvação, é a unção e o poder do Espírito Santo. Se uma pessoa está em sintonia com Deus, as coisas acontecem sem que ela por si mesma faça nada. A unção é uma dádiva de Deus para todos os que andam em obediência.

Portanto, como estamos em guerra, devemos andar cheios da unção de Deus para podermos sair vitoriosos nessa luta. Isto é necessário porque o nosso adversário é o diabo e suas hostes.

Na cidade de Córdoba, um jornalista escreveu no seu jornal: "Quando aqueles cultos são realizados, nós sempre ouvimos uma gritaria e rumores de luta com o diabo. As lutas são travadas na base do grito, e eu não sei se o diabo vai embora ou se ele se assusta. O que sei é que ele certamente fica surdo de tantos gritos que escuta". As pessoas podem dizer o que quiserem, mas nós sempre travaremos guerra contra o nosso adversário, não importa que seja gritando e clamando pelo nome de Jesus. Em 1Pedro 5:8 está escrito: "Sede sóbrios, vigiai. O vosso adversário, o diabo, anda em derredor, rugindo como leão, buscando a quem possa tragar". Entre as criaturas que Deus criou, o diabo é o principal inimigo de Deus.

Nos últimos anos, o espiritismo, a umbanda, a macumba, a quimbanda, a bruxaria, a parapsicologia, a adivinhação, a meditação transcendental e o controle mental têm crescido na Argentina e em muitos países da América Latina. Você sabe por quê? Porque a Igreja está muito acomodada e desfrutando das bênçãos de Deus, enquanto as pessoas estão lá fora necessitando de ouvir a Palavra de Deus, de comer do pão vivo que desceu do Céu.

Para esclarecer esse tema, quero contar uma visão que tive há algum tempo e que narrei no capítulo 2 deste livro. Nesta visão o Senhor me levou a um belo lugar que eu acredito ser o "paraíso". Era um oásis belíssimo, cheio de fontes, sombras e árvores frutíferas. Ali tudo era paz e alegria. Vi também outro lugar afastado do oásis. Aproximei-me e fiquei muito impressionado quando vislumbrei a multidão que estava ali. Todos estavam quase nus, caídos no chão. O calor era abrasador. Alguns olhavam para o lado do oásis com os olhos tristes. Seus corpos eram esqueléticos e seus lábios estavam secos de tanta sede. Eles estendiam as mãos e diziam: "Por favor, ajude-nos! Nós necessitamos de ajuda!". As lamentações eram muitas.

Então entendi que a Igreja de Cristo está desfrutando das bênçãos de Deus e de sua prosperidade espiritual, enquanto permanece indiferente diante de um mundo que geme. Participamos de importantes atividades, de congressos, de seminários, de simpósios, de reuniões sociais, de programas especiais em luxuosos auditórios, quando na verdade Jesus nos disse: "Ide por o todo mundo e pregai o evangelho". O único e verdadeiro negócio em que Jesus quer que nós estejamos ocupados é na evangelização das almas perdidas. Nós devemos sair pelo deserto em busca dos perdidos, porque eles têm fome e sede de Deus, do Deus vivo!

Um inimigo conhecido

Temos um inimigo comum contra o qual devemos lutar, pois ele trabalha todos os dias para arrebatar as almas e levá-las para o inferno. Efésios 6:10-12 diz:

> No demais, irmãos meus, fortalecei-vos no Senhor e na força do seu poder. Revesti-vos de toda a armadura de Deus, para que possais estar firmes contra as astutas ciladas do diabo. Pois não temos de lutar contra a carne e o sangue, e, sim, contra os principados, contra as potestades, contra os poderes deste mundo tenebroso, contra as forças espirituais da maldade nas regiões celestes.

Isto demonstra que Satanás se opõe sempre ao avanço do Reino de Deus. O apóstolo Paulo disse que não estaríamos lutando contra homens, e sim contra principados, potestades e hostes espirituais da maldade. Temos de nos lembrar sempre contra quem estamos lutando. Se os Estados Unidos da América não tivessem reconhecido a força que o Iraque possuía, provavelmente nunca teriam podido fazer o que fizeram. Os Estados Unidos sabiam que tipo de forças estavam enfrentando, e atacaram o inimigo de maneira certeira e eficaz.

Creio que quando sabemos a quem estamos enfrentando, nós lutamos como devemos. Além do mais, temos de partir para a luta sabendo que Deus já nos prometeu e já nos assegurou que a vitória seria nossa. O exército de Jesus Cristo é o único no mundo que antes de entrar em batalha já tem a vitória garantida, e essa vantagem nós não devemos de forma nenhuma dar ao diabo. Se ele anda como um leão, rugindo e buscando a quem devorar, Jesus Cristo veio para essa terra a fim de desfazer todas as artimanhas e ciladas do diabo, mas para isso ele conta agora com a sua Igreja.

O reino das trevas

No reino das trevas existem hierarquias. Conforme a Palavra de Deus ensina, Satanás é o chefe supremo desse reino (Mt 12:36) e do exército das trevas (Sl 78:49). Ele percorre o seu reino andando por toda a terra (Jó 1:7). Nas Escrituras Sagradas ele é chamado de "o príncipe deste mundo" (Jo 12:31), "o deus deste século" (2Co 4:4), "o grande dragão" (Ap 12:9) ou "a antiga serpente" (Ap 20:2).

Principados. O apóstolo Paulo diz que existem principados (Cl 2:15). No dicionário aprendemos que a palavra "principado" é proveniente de um termo de origem latina, que significa "aquele que conduz ou guia um povo". Ele é a máxima autoridade e o governo em um estado de modelo monárquico. O príncipe ou principado tem poder sobre toda uma nação (Dn 10:13-20).

Potestades. Paulo também diz que existem potestades. Conforme o dicionário, a palavra "potestade" significa "autoridade e domínio sobre uma jurisdição ampla, bem determinada, que foi designada pelo poder real". Neste caso o poder real é o de Satanás. A "potestade" ordena e dirige as atividades e operações dentro da região que lhe foi confiada.

Príncipes das trevas. Seguindo a hierarquia, o apóstolo Paulo também diz que existem os "príncipes do mundo destas trevas" (Ef. 6.12, ARC). O dicionário diz que "príncipe é o chefe de uma província, região ou cidade, a qual corresponde uma categoria menor que uma potestade. O governador tem autoridade dentro de um âmbito restrito e governa conforme as diretrizes da potestade ou do poder real".

Hostes espirituais da iniquidade. Até este nível hierárquico os cargos são ocupados pelos demônios (anjos malignos). Estes seres infernais atuariam como oficiais do exército maligno. São encarregados de dirigir as operações de suas hostes (Mt 25:41; Ap 12:9).

Conforme os dicionários e enciclopédias, "hostes" é o conjunto de soldados de um exército de guerra. Esse nome é empregado para designar os componentes que lutam por uma causa, aqueles que são enviados para combater. Quando nos referimos a "hostes", não estamos incluindo a hierarquia do poder militar. Os demônios formam as hostes de Satanás que, conforme a Bíblia, são seres sem corpo físico, inteligentes, e espíritos malignos imundos, descontentes e viciosos.

As hostes de Satanás são os emissários de que Satanás dispõe. Entram e dominam homens e animais (Mt 8:28-32; 12:43-45; Mc 5:8-13). Trazem enfermidades físicas (Mt 9:33; Mc 9:38-42). Atormentam, produzem enfermidades mentais e conduzem o homem à corrupção e à destruição (Mc 5:4,5). Isso quer dizer então que Satanás tem um exército bem constituído. O próprio Jesus Cristo disse que esse exército não se dividia.

Unidos para enfrentar a guerra

Conforme temos visto até aqui, o reino das trevas tem suas hierarquias, e suas hostes estão unidas para a maldade. Nós, como crentes, temos de estar debaixo do poder de Deus para enfrentar e vencer as hostes de Satanás. Em sua oração ao Pai, Jesus pediu pela união de todos os crentes. Isso está em João 17:21:

Para que todos seja um, como tu, ó Pai, o és em mim, e eu em ti. Que eles também sejam um em nós, para que o mundo creia que tu me enviaste.

Temos de estar unidos, irmãos! Sem levar em conta as diferentes denominações, temos de ser um no Senhor.

A autoridade que vem de Jesus Cristo

Quando Satanás mostrou a Jesus os reinos da terra para tentá-lo, ele o levou ao alto de um monte e lhe disse: "Dar-te-ei toda esta autoridade e a glória destes reinos, pois a mim me foi entregue, e a dou a quem eu quiser" (Lc 4:6). Jesus, desprezando o que ele havia dito, olhou para as potestades e respondeu com um texto da Palavra: "Vai-te, Satanás! Pois está escrito: Ao Senhor teu Deus adorarás, e só a ele servirás" (Mt 4:10). Satanás disse que todos os reinos lhe haviam sido entregues. Mas quem os entregou? Deus? De maneira nenhuma. Ele recebeu os reinos não das mãos de Deus. Então, de quem ele os recebeu?

Lendo a Bíblia em Gêneses 1:28, vemos a bênção que Deus havia dado ao homem quando lhe entregou toda a autoridade e o domínio sobre todas as criaturas da terra. Sabemos que a palavra "senhor" significa "amo, dono". Ao dizer ao homem que ele dominasse sobre toda a terra, Deus estava dizendo que tudo era do homem.

Adão era a coroa da criação; porém, ao desobedecer a Deus, o diabo, que vive rodeando a terra e buscando a quem devorar, tirou-lhe essa autoridade e o direito de possessão da terra. Digamos que Adão entregou a Satanás essa autoridade por causa do pecado. Isso nos ajuda a entender por que o diabo tem poder e autoridade, e por que nós estamos aqui para lutar contra ele e para arrebatar as almas que ele tem em suas garras. Se nós não as arrebatarmos no nome de Jesus, ele não as soltará.

Algumas dessas coisas nós já analisamos no capítulo 3, mas devemos recapitular vários pontos que esclarecem mais o tema.

Nós já sabemos que o homem perdeu a autoridade e o poder sobre a terra, mas Jesus pagou a dívida. Ao ressuscitar, ele cancelou a hipoteca que pesava sobre o homem, e agora tem todo o direito de exigir a posse da terra. Essa autoridade, que ele conquistou para si, mas nos entregou, capacita-nos a dizer ao diabo: "Satanás, solta isso, pois não te pertence", e desta forma arrebatar o que quisermos das mãos de Satanás, no nome de Jesus. Satanás está usurpando a terra. Mas nós temos poder para recuperar tudo na autoridade que Deus nos deu.

Podemos lutar contra as forças da maldade com as armas naturais, como uma metralhadora ou uma bomba atômica? Não podemos. Mas temos algo mais poderoso. Temos o Espírito Santo e a unção de Deus. Isso vale mais que todas as bombas nucleares juntas.

Como devemos lutar? Como lutou Daniel, a quem aquele varão de Deus disse: "Não temas, Daniel, porque desde o primeiro dia em que aplicaste o teu coração a compreender e a humilhar-te perante o teu Deus, são ouvidas as tuas palavras, e eu vim por causa das tuas palavras" (Dn 10:12).

Daniel estava orando com entendimento, porque havia compreendido quem era o seu inimigo. Mas assim mesmo a resistência do príncipe da Pérsia durou vinte e um dias. Os principados diabólicos se opuseram à resposta de Deus (veja Dn 10).

Que palavras Daniel terá pronunciado? Posso imaginar Daniel com o rosto no chão, dizendo: "*Escute aqui, Satanás!* Solte esta cidade, solte esta nação". Imagino também que ele, com poder e a autoridade que o Espírito Santo lhe havia dado, deve ter mandado o diabo soltar as almas que ele tinha presas em suas garras.

Às vezes pedimos algo a Deus durante dois ou três dias, e depois deixamos de fazê-lo. Porém, temos de arrebatar tudo o que o diabo nos roubou. Devemos ter perseverança. Você deve ser firme e constante em suas orações. Pense nas batalhas espirituais que estão sendo travadas no caminho por onde virá a resposta. Se Satanás roubou um filho de Deus e o lançou no lamaçal de pecados deste mundo, diga: "*Escute aqui, Satanás,* em nome de Jesus, eu te ordeno que soltes essa pessoa. Ordeno que soltes essa vida no nome de Jesus". Continue orando até que o diabo o solte. Nossa luta é contra o poder das trevas, potestades e principados, não contra homens.

Durante uma campanha em Santiago del Estero, enquanto eu orava com um grupo de irmãos, Deus deu-me uma visão. Vi um monte de anões vestidos de soldados romanos que corriam de um lado para o outro. Eu os via com armaduras semelhantes às dos soldados romanos. Eles caminhavam por cima das armas que estavam jogadas no chão e se chocavam uns com os outros. Não entendi por que Deus estava me mostrando aquilo. Então perguntei ao Senhor:

— Senhor, o que é isto? Faz-me entender, Jesus.

— *O que você está vendo são as hostes do diabo* — Jesus me respondeu.

— Sim... mas por que estão se chocando uns contra os outros? — tornei a perguntar.

A resposta de Jesus foi:

— *O que acontece quando um exército perde o seu general? Eles não sabem que rumo tomar. Assim é o que está acontecendo entre eles* — foi a resposta.

— E por que essas armas estão jogadas no chão? — insisti.

— *Quando os soldados de um exército estão derrotados, eles jogam as armas no chão e fogem apavorados. Se um exército foge com as armas, estará pronto para voltar a atacar. Mas o homem forte desse exército está amarrado, as hostes infernais estão derrotadas. Eu abri o caminho!* — foi a resposta de Jesus.

Após a leitura desse diálogo, você entenderá por que, depois da luta espiritual tão grande que travamos em Santiago del Estero, converteram-se 26 mil pessoas, entre as 200 mil que moravam naquela cidade. O diabo tinha sido vencido!

Satanás cegou o entendimento dos incrédulos. Quando o evangelho está encoberto, os que se perdem não o descobrem, porque ele está oculto aos seus olhos (2Co 4:3). Então, o que podemos fazer? Vamos colocar-nos de joelhos e dizer: "*Escute aqui, Satanás,* demônio da incredulidade, da impureza, da mentira, da violência, solta as mentes que estão em tuas mãos, no nome de Jesus de Nazaré". Isto é o que existe de mais eficaz.

Realizei minhas primeiras campanhas nas "vilas de emergência". As pessoas me chamavam de "o pastor das vilas". Muitos homens, conhecedores da Bíblia, diziam: "O que Carlos está pregando só pode pregar ali". Eu só tinha três mensagens, e as pregava onde quer que fosse. Em cada lugar que eu ia não podia pregar durante mais de três dias. Tempos depois convidaram-me para pregar em um lugar onde viviam pessoas de alto nível social, uma região de casas residenciais de luxo. Ali morava a filha do então Presidente da Argentina. Mas sabe o que eu preguei? A mesma mensagem que havia pregado nas vilas. E sabe qual foi o resultado? O mesmo. Centenas de conversões, curas, batismos e libertações.

O importante não é o que venhamos a dizer, e sim a obra que o Espírito Santo está fazendo por meio de nós. Posso dar de presente a alguém uma motocicleta ou um automóvel, mas não é com presentes que vou convertê-la. Não é com argumentos e agrados humanos que conseguiremos levar uma alma ao Senhor. Quando a Igreja, no nome de Jesus Cristo, arrebata uma alma das mãos do diabo e quando o espírito diabólico se vai, a pessoa entenderá a luz do evangelho; isso não pode ser feito pelo poder humano, mas somente pelo poder de Deus em nós. Este poder resplandecerá na minha e na sua vida, se nós estivermos no centro da vontade de Deus. Se sempre agirmos e pensarmos desta forma, milhares de almas se converterão ao Senhor pela nossa atuação.

Capítulo 13

Guerra espiritual II

Em 1987, um pastor do México veio ao meu encontro enquanto eu estava na cidade de Los Angeles e me disse:
— Irmão Carlos, há um ano Deus deu-me uma visão. Hoje eu vim aqui especialmente para contá-la. Enquanto eu dormia, Deus me tirou do meu quarto e me ergueu até uma altura que dava para contemplar todo o continente americano. Quando eu sobrevoava os países sul-americanos, passei sobre a Argentina. Havia ali um grande silêncio. Eu não saberia bem que cidade era aquela dentro da Argentina, mas suponho que era Buenos Aires. Então perguntei ao Senhor: "Por que existe tanto silêncio aqui?". Ele me respondeu: "Porque aqui o homem forte está amarrado, e a igreja alcançou a vitória".

Eu estava em silêncio e em silêncio continuei, enquanto o pastor mexicano me contava sua visão:
— O Senhor também me disse algo específico sobre o irmão. Eis o que ele disse: "O ministério do meu servo Carlos é o mesmo ministério da Igreja. Ele não tem nenhum ministério especial. Se a Igreja crer em mim, em meu nome expulsará demô-

nios, falará em novas línguas, imporá as mãos sobre os enfermos e eles serão curados". Então o Senhor disse-me que eu devia transmitir isso ao irmão.

Na verdade, o ministério da Igreja de Cristo é o mesmo ministério que você pode exercer na terra. Se você o exercer, os enfermos serão curados, os demônios sairão aos gritos, e o poder de Deus se manifestará na vida das pessoas.

A atuação do ministério da Igreja de Jesus Cristo é o que eu estou tentando demonstrar ao longo de todas estas páginas. Estes sinais seguirão aos que crerem; não seguem somente a Carlos Annacondia nem ao evangelista A ou B, nem a uma determinada igreja. A Bíblia diz que estes sinais seguirão aos que crerem, e os que crêem somos nós. Se não arrebatarmos do diabo as almas que ele tem em suas garras, estaremos perdidos. Satanás tem o domínio sobre a televisão, sobre o rádio, sobre os meio de comunicação em geral. E como é que vamos mudar essa situação? Certamente a primeira coisa que devemos fazer é orar e interceder dia e noite. Devemos ordenar a Satanás que ele tire as garras dos meios de comunicação desta ou daquela cidade, no nome de Jesus.

Você se lembra do que narramos no capítulo 3 sobre a grande campanha realizada em 1992? Isto aconteceu em Tucumán, onde não somente nossa reunião foi transmitida, mas fomos o único programa a ser ouvido e visto naquela noite. Havia canais de televisão e rádios naquela cidade, e nós tivemos esses meios de comunicação em nossas mãos. Horas antes eu havia dito aos meus colaboradores: "O nosso trabalho vai ser transmitido unicamente pelo canal cinco; o outro canal nós deixaremos livre, para que não digam que queremos monopolizar as atenções na cidade". Porém, o outro canal, que não havia fechado nenhum contrato conosco, teve um problema em sua antena e não pôde transmitir sua programação. Naquela noite o único programa que toda a cidade pôde ver e ouvir foi o da Palavra de Deus.

Mas você pensa que o diabo nos entregou os meios de comunicação daquela cidade porque éramos bons? De maneira nenhuma. Tenho certeza de que ele estava se mordendo de ira e perguntando a um grupo de príncipes e potestades das trevas: "O que aconteceu, o que aconteceu? Por que vocês largaram os meios de comunicação nas mãos desses nossos inimigos? Olhem só o estrago que esses cristãos estão fazendo no nosso reino". O diabo foi derrotado de maneira especial naquela noite, já que todos os habitantes daquela cidade puderam ouvir a Palavra de Deus. E isso não foi por obra e arte de Carlos Annacondia, nem pelo dinheiro que pudemos pagar (na realidade, não foi muito, pois não chegou nem a 30% da quantia que nos pediram originalmente). O diabo veio a este mundo para roubar e destruir, e quis tirar-nos os meios de comunicação. Veio para matar e destruir, e dia após dia ele destrói lares, famílias, casamentos. Porém, nós temos esta segurança em Jesus Cristo: "Para isto o Filho de Deus se manifestou: para destruir as obras do diabo" (1Jo 3:8).

Naquela noite, durante a campanha, vi se aproximarem do palanque homens que tinham saído diretamente de seus lares. Eles estavam escutando a mensagem pela televisão e sentiram-se chamados por Deus para comparecer pessoalmente ao local da campanha. Alguns deles se aproximaram até sem camisa. Outros, de pijamas. Isso demonstrava que as pessoas estavam em seus lares quando passaram a escutar a Palavra de Deus e foram trazidas pelo poder do Espírito Santo para aceitar Jesus, sem se importarem com a maneira como estavam vestidos. Vi também quatro jovens drogados que tinham decidido suicidar-se chegarem até ali em busca de ajuda. No instante em que chegaram ao local onde nós estávamos, foram levados diretamente para a tenda de libertação, e ali tiveram um encontro com Jesus e se tornaram livres.

Tudo isso aconteceu por causa da Palavra de Deus transmitida pela televisão e pelo rádio. A televisão mostrou o mesmo programa três vezes em um mesmo dia. Mostramos ao diabo três vezes em um só dia quem é o nosso Deus.

E foi também nessa mesma campanha que uma mulher viu um milagre de cura em seu filho que padecia de síndrome de Down. Não lembro que Palavra eu preguei naquele dia, mas aquela mãe creu e disse: "Senhor Jesus, aqui está o meu filho. O que tu podes fazer por ele?". E começou a clamar por seu filho diante da televisão. Naquele instante, conforme ela testificou depois, seu filho começou a mudar, seus olhos começaram a se transformar, seus pés se corrigiram, o seu cérebro foi curado. O semblante do menino mudou totalmente. No dia seguinte, a mãe levou seu filho ao médico e ele diagnosticou indubitavelmente: a criança estava curada!

O diabo de forma nenhuma vai querer deixar os meios de comunicação de maior impacto e influência livres, por que, se nós ocuparmos esses meios de comunicação, declararemos guerra direta ao reino das trevas em nome de Jesus Cristo, dizendo-lhe: *ESCUTE AQUI, SATANÁS! TIRE SUAS GARRAS IMUNDAS DE MINHA CIDADE; TIRE SUAS GARRAS IMUNDAS DE MEU BAIRRO; TIRE SUAS GARRAS IMUNDAS DOS MEIOS DE COMUNICAÇÃO; TIRE SUAS GARRAS IMUNDAS DO MEU PAÍS, EM NOME DE JESUS!*

A Igreja tem poder e autoridade de pegar em serpentes, escorpiões, e nada lhes fará mal. Esta é uma verdade muito importante. Já perdi a conta de quantas vezes tentaram me matar, mas para a glória de Deus o Espírito Santo e os anjos estão sempre perto de mim para me ajudar e me livrar. Depois de mexer em tantos ninhos de serpentes diabólicas, posso afirmar que nada nos pode atingir.

Agora vejamos qual foi o resultado daquela grande campanha em Tucumán. Como vocês devem lembrar, não nos foi permitido realizar as reuniões em lugar algum do centro da cidade. Tivemos de ir para um bairro bem distante. Para chegar ao lugar onde realizaríamos os cultos, as pessoas tinham de caminhar de três a quatro quilômetros. O local era realmente de difícil acesso. Somente uma ou duas linhas de ônibus chegavam até ali. O terreno estava localizado ao lado de uma lagoa, e quando chovia o local ficava inundado. Isso aconteceu durante uma das noites! Enquanto a reunião transcorria, eu via muita água entrando debaixo da lona e os sapatos dos irmãos afundando na lama. Mas, apesar de tudo aquilo, o resultado foi inacreditável. Não sei exatamente quantas pessoas vivem naquela cidade, mas estou bem certo de que todos escutaram a Palavra de Deus, e quase 30 mil pessoas aceitaram a Jesus Cristo como Salvador de suas vidas.

"O fenômeno Annacondia"

Durante algumas reuniões que celebramos na Bolívia, travamos uma grande luta com o diabo. Porém, vejamos como Deus nos deu vitória. Um jornal da Bolívia publicou uma nota junto com uma foto com meu rosto enquanto eu orava. A matéria se intitulava "O fenômeno Annacondia" e dizia o seguinte:

> Todas as noites estamos sendo surpreendidos em diferentes canais de televisão pela presença de um pregador evangélico, Carlos Annacondia, que reúne milhares de crentes. Essas pessoas, pelo que tudo indica, esperam um milagre em suas vidas. Temos testemunhado ataques e desmaios de histeria por parte dos crentes. O que significa este fenômeno? Milagre, hipnose coletiva ou... Além do mais, diga-se de passagem, Annacondia é um excelente comunicador social, sabe seduzir os seus seguidores com a sua palavra eloqüente. A maioria dos canais de televisão, a partir das 22h30, nos tem oferecido uma hora com as pregações deste senhor, que certamente tem recursos econômicos suficientes para gastar muito dinheiro comprando uma hora diária de televisão para transmitir o seu programa no horário de maior audiência. O que é que a igreja católica acha deste fenômeno?

Aquele jornalista estava fundindo a cabeça e se perguntando: "Onde será que esse homem conseguiu tanto dinheiro? Pois certamente ele gastou uma grande soma para ocupar um espaço como esse nos canais de televisão". A verdade, meus queridos irmãos, é que eu não havia pago nem um centavo para obter aquelas horas televisivas. A única coisa que fizemos foi orar e tirar do diabo aquilo que ele tinha em suas garras: os meios de comunicação daquela cidade. Ao verificar quem pagava alguns anúncios em cores nos jornais mais populares da cidade, ficamos sabendo que sempre eram pessoas endinheiradas que o faziam. A mesma coisa aconteceu com a televisão. Eu poderia contar centenas de histórias como esta para que vocês entendessem que o evangelho não consiste só em palavras, mas sim no poder de Deus.

Antes da minha conversão, eu pagava muita publicidade no rádio para promover minha empresa comercial. Por essa razão eu estava vinculado a muitas pessoas que trabalhavam no rádio. Quando conheci a Cristo, eu disse: "Agora que estou nos caminhos do Senhor, vou às emissoras de rádio conseguir espaço para que o pastor Jorge Gomelsky pregue". Com esse propósito, comecei a percorrer todas as emissoras que eu conhecia e... sabe qual foi a resposta? Eles riam na minha cara e diziam: "Não, para pregar o evangelho nós temos o bispo católico que é nosso assessor espiritual, e é ele quem está ocupando todos os espaços".

Bati com a cara na porta de todas as emissoras, apesar de crer que ia ser muito fácil. Foi então que comecei a buscar outra solução, e decidi ir ao Uruguai visitar uma emissora chamada "Real". Ali consegui um espaço. Aquela emissora era ouvida na cidade de Buenos Aires, mas as pessoas teriam de ter um rádio com sintonia fina para poder sintonizar aquela rádio. Porém, assim mesmo utilizamos o serviço daquela rádio durante quatro anos.

Considere isto: em 1980 fui pedir cinco minutos em uma rádio e eles me negaram, sem imaginar que quatro anos depois eles é que me chamariam para me perguntar se eu estava necessitando de algum espaço em sua rádio. Deram-me gratuitamente cinco horas para que eu pudesse pregar o evangelho e fazer o que quisesse. Não era uma emissora desconhecida, e sim uma das mais escutadas no país.

Alguma coisa havia acontecido na Argentina! O que aconteceu foi que o diabo teve de liberar os meios de comunicação porque a Igreja começou a clamar, começou a orar, começou a ordenar que ele soltasse os meios de comunicação, no nome de Jesus. E isso não aconteceu por casualidade. Nada em Deus é casual. Ele tem um propósito e um plano. Isto quer dizer que nós devemos pedir tudo o que necessitarmos para a obra de Deus, seja uma igreja, um centro de reuniões de nível internacional, um programa de rádio, um programa na televisão etc. Tudo o que não estiver nas mãos da Igreja nós devemos pedir ao Senhor e declarar que aquilo vai sair das mãos do diabo e vir para as mãos da Igreja.

Durante muito tempo os espaços noturnos das emissoras de rádio mais importantes do país foram ocupados pela Igreja. Cada dia a Palavra de Deus era transmitida a centenas de milhares de pessoas. Hoje, a Argentina conta com centenas de emissoras de rádio evangélicas em todo o país.

Na condição de Igreja de Cristo, temos a grande responsabilidade de desmascarar o nosso Inimigo. Devemos considerar-nos membros do exército de Deus, fortemente unidos no amor ao Corpo de Cristo para lutarmos de forma organizada. Juntos respondemos ao mandamento do grande comandante-chefe que é Jesus Cristo, o comandante desse exército dos céus que tem poder sobre todas as coisas. Além do mais, sabemos que contamos com a ajuda do Espírito Santo, que nos guia em todos os assuntos e nos capacita para sairmos vitoriosos em toda batalha (Mt 12:28).

É certo que o nosso inimigo, o diabo, tem uma grande inteligência e muita experiência. Mesmo que ele não possa descobrir nem nossos pensamentos nem nossos sentimentos, este inimigo tem um exército unido e organizado. As pessoas costumam dizer que "o diabo sabe mais por ser velho e não por ser diabo", e talvez ele saiba que o nosso ponto mais fraco é com relação à unidade entre os irmãos, porque nós temos dificuldade de formar um exército unido e firme. Porém, como Igreja e soldados de Jesus Cristo, devemos nos conscientizar da clara e fundamental vantagem de que dispomos: somos o único exército no mundo que temos a batalha ganha antes de começar a guerra. Isto é devido ao fato de Jesus Cristo nos ter dado a vitória ao derrotar o nosso inimigo na cruz do Calvário (Hb 2:14).

Talvez você se pergunte: ora, se nós já ganhamos a batalha, por que o diabo ainda leva vantagem sobre a Igreja de Jesus Cristo? Isso só acontece porque muitos ainda não têm levado em conta o fato de que o diabo é o nosso principal inimigo. Nós muitas vezes ficamos ocupados com a construção de grandes e formosos templos, e nos esquecemos de que existe um inimigo que quer nos destruir a todo instante. Ele sabe que está vencido, conhece o poder de Deus e treme. Mas também conhece a fraqueza de muitos cristãos. Ele não se apresenta abertamente, mas se disfarça e se esconde. O que devemos fazer é localizar onde ele está atuando em oculto e, em qualquer lugar onde esteja, devemos derrotá-lo no nome de Jesus: "...para que não sejamos vencidos por Satanás. Pois não ignoramos os seus ardis" (2Co 2:11).

Essa é uma das razões pelas quais a Igreja muitas vezes se encontra desanimada e em derrota. Ela não tem enfrentado seu inimigo. Ela se mantém indiferente enquanto Satanás permanentemente faz as suas incursões na escuridão contra a Igreja de Jesus Cristo. Portanto, devemos enfrentar o nosso inimigo e dizer-lhe que ele já é um derrotado pelo sangue de Jesus.

Mas não é aconselhável que saiamos para enfrentar os demônios de determinado lugar sem antes termos declarado a nossa vitória sobre o homem forte da região, que é quem coordena as operações estratégicas e táticas das hostes espirituais da maldade. Uma vez que tenhamos amarrado e expulsado o homem forte daquela área, os demônios que o acompanham perdem a liderança, ficam desamparados. Eles se tornam confusos e vulneráveis diante do nosso ataque e do ataque dos anjos de Deus que estão conosco no momento em que travamos a batalha. Esses anjos de luz são nossos companheiros e participam da conquista do Reino de Deus. Quando os demônios ficam sem o seu chefe, sem o seu cabeça e sem o apoio aéreo, gera-se confusão e fuga no meio deles.

O número das forças de Satanás é muito grande (Mt 12:26,27; 25:41). Se nós inutilizarmos esses anjos da maldade aos poucos, isso não diminuirá o poder do seu ataque. Mas se nos voltarmos contra o príncipe, a potestade e o governador deles no nome de Jesus, desorganizaremos suas forças e, quando o Espírito de Deus cair com poder sobre os demônios, eles se dispersarão e fugirão apavorados. O efeito de atacarmos primeiramente o cabeça do exército das trevas não é produto de superstição nem fantasias. Nós o comprovamos em cada reunião das nossas campanhas. Desde o começo sempre buscamos pisar na cabeça da serpente para tirar toda sua inteligência e anularmos o efeito combativo do seu corpo.

Umas das experiências mais importantes que vivi durante minhas primeiras campanhas do ministério em 1983 e 1984 foi na cidade balneária de Mar del Plata, Argentina. As igrejas dentro daquela cidade organizaram uma grande campanha em um estádio. Um dia após minha chegada ao hotel, enquanto eu e um colaborador do ministério olhavámos juntos o mar azul através de uma janela, Deus me deu uma visão. Vi na água três gigantes segurando um vidro que impedia a entrada na cidade de milhões de demônios que queriam atacar. Esses gigantes eram anjos que impediam que os demônios entrassem na cidade. Os demônios estavam amarrados e dessa maneira não podiam perturbar as reuniões.

O impacto que aquela campanha causou naquela cidade foi tão grande que marcou época na vida dos habitantes do lugar. Deus operou na cidade de Mar del Plata de maneira impressionante! Algumas pessoas que passavam a dez quadras de distância onde as reuniões estavam sendo realizadas caíam no chão tocadas pelo poder de Deus. Outras se manifestavam demoniacamente dentro dos ônibus ao passarem diante do estádio onde nos reuníamos. Elas eram retiradas dos ônibus e trazidas até o local da campanha. Toda a cidade ficou sabendo do que estava ocorrendo ali. Quando cada culto terminava, as pessoas levavam para as suas casas as fitas cassetes com as pregações e os endemoninhados se manifestavam também em seus lares. O céu estava aberto sobre aquela cidade, as pessoas vinham aos milhares para aquelas reuniões. Pessoas que ninguém havia convidado chegavam até ali e se convertiam.

Para termos uma idéia do que aconteceu naquele lugar, podemos dizer que, em uma cidade de 400 mil habitantes, 83 mil confessaram publicamente a Jesus como Salvador, ou seja, 20% da população. As restaurações de dentes eram uns dos sinais mais comuns que aconteciam. Nós calculamos que pelo menos uma pessoa em cada família teve uma obturação realizada por Deus. A imprensa veio ver o que estava acontecendo e deu total cobertura. A campanha e os milagres foram manchetes em vários jornais e revistas do meio secular. Aquela visão que nós havíamos tido antes das reuniões começarem em Mar del Plata já me havia dado a explicação do porquê de Deus estar operando daquela maneira: é que as hostes espirituais da maldade estavam amarradas e impedidas pelos anjos de entrar no meio da multidão.

Essa guerra espiritual que dia a dia nós travamos é uma luta que não tem fim. Se nos detivermos, no entanto, sem dúvida perderemos o que já tivermos conquistado. Ao longo de tantos anos de ministério, tenho percorrido muitos países deste mundo e tenho visto muitas religiões, demasiadas estruturas e tradicionalismo, mas muito poucas lágrimas pelas almas perdidas. Se quisermos conquistar essas vidas devemos lutar diariamente nessa guerra espiritual!

Sexta parte

Imporão as mãos sobre enfermos e os curarão

Capítulo 14

O toque que cura

"Diagnóstico: Câncer nos ossos, com metástase"

O que aconteceu com meu tio Fernando foi algo impressionante. Ele estava com uma doença muito grave e foi internado no Hospital Francês da cidade de Buenos Aires. O diagnóstico médico era câncer nos ossos, já complicado com metástase em diferentes partes do corpo, especialmente nos rins. Seus ossos estavam quase pulverizados. Quando realizaram uma biopsia, constataram que eles já tinham se transformado em pó. A enfermidade tinha avançado tanto em seu corpo que ele passou a pesar 45 quilos.

Devido ao seu estado grave, os médicos tiveram receio de realizar um tratamento com medicina nuclear ou quimioterapia. Era um caso terminal, ele já estava desenganado. Vivia a base de calmantes. Tão grande era a dor que ele sentia que colocavam bolsas com areia entre seus joelhos para que ele não os roçasse um no outro e não aumentasse as feridas e o sofrimento. O simples contato do seu corpo com as cobertas fazia com que ele sofresse muito. Vivia gemendo dia e noite. Nada lhe proporcionava alívio.

Certo dia minha mãe e minha tia pediram-me para que eu fosse assistir a uma campanha que o irmão Carlos Annacondia estava realizando em Mar del Plata. Eu fui. Tive a idéia de levar um pijama de meu tio para que o irmão Annacondia orasse por ele, mas, devido à agitação toda para chegar até o local onde a campanha estava sendo realizada, esqueci o pijama no hotel.

Ao chegar ao estádio surpreendi-me ao ver a tribuna repleta de pessoas e Carlos Annacondia caminhar entre a multidão orando por todos. Cada pessoa que ele tocava caía. Era a primeira vez que eu via aquilo. Como tinha muita fé em que Deus podia fazer algo por meu tio, entrei pela multidão a dentro.

Enquanto o irmão Carlos ministrava a bênção de Deus sobre as pessoas, tentei falar-lhe sobre o meu tio. Mas imediatamente ele impôs as mãos sobre mim e eu caí. Permaneci no chão não sei durante quanto tempo. Não creio que ele tivesse escutado o motivo pelo qual eu havia chegado até ali, mas Deus sabia de tudo. Pouco tempo depois eu soube que naquela mesma noite meu tio começou a sentir uma grande melhora.

No dia seguinte voltei para Buenos Aires com a roupa que não havia podido levar ao estádio. Porém, minha tia, pela fé, visitou o meu tio e levou com ela aquela roupa. Há três meses que ele não podia levantar-se da cama. Porém, naquela noite ele foi visto caminhando pelo corredor. Aquele foi um tremendo sinal de que Deus tinha ouvido a nossa oração. A partir desse dia, noite após noite nós o visitávamos e comprovávamos que ele estava engordando. No terceiro ou quarto dia, como o médico viu que seu quadro de melhora estava evoluindo, disse-lhe: "Agora sim, você pode suportar a quimioterapia".

Quando a pessoa recebe o tratamento por quimioterapia, geralmente perde peso. Mas meu tio, apesar do tratamento com aquelas drogas tão fortes, continuava aumentando de peso. Todas as noites ele ganhava um quilo. No final do tratamento tinha recuperado os 25 quilos que havia perdido durante toda a doença.

Ao ver sua constante melhora, os médicos decidiram fazer novos exames. Primeiramente examinaram os rins. Estavam completamente curados. Em seguida examinaram os ossos. O que era pó agora estava completamente sólido. Finalmente disseram que não havia mais necessidade de meu tio continuar ali naquele hospital em Buenos Aires e que já podia regressar para Junín, nossa cidade.

Uma especialista em oncologia (câncer), muito conhecida no Hospital Francês de Buenos Aires, após estudar atentamente o caso de meu tio, disse: "Isto é um milagre de Deus. Nunca vi uma cura tão extraordinária acontecer dessa maneira. Este homem estava praticamente no caixão, era um doente terminal, e agora eu o vejo completamente curado. Mais uma vez repito: isto é um grande milagre".

Quando os vizinhos viram meu tio chegar na cidade de Junín, houve uma grande agitação no meu bairro. Muitos só estavam aguardando a notícia do seu falecimento para acompanhá-lo ao cemitério. Nos primeiros dias em que ele começou a sair para caminhar pelas ruas, as pessoas paravam para vê-lo passar. Diziam: "Que coisa incrível! Esse homem estava praticamente morto e agora está aqui em nosso meio". Era um morto que havia ressuscitado. Ele havia sido alcançado pela misericórdia de Deus. Por causa daquela cura, seus filhos e outros familiares começaram a participar dos cultos na igreja evangélica. Hoje, boa parte das pessoas que compõem a igreja em que meu tio congrega são produto do testemunho daquela cura.

Há alguns meses a doutora que havia tratado do meu tio esteve em nossa cidade. A esposa do meu tio, que hoje é uma crente fiel, foi vê-la e lhe perguntou:

— A senhora lembra-se do caso do meu esposo?

— Claro, e como é que eu iria esquecer de um único milagre tão grande que testemunhei em toda a minha vida? — respondeu a doutora.

Minha tia, que é muito corajosa, disse:
— Nós estamos sempre orando, agradecendo a Deus por este milagre, e agora vamos passar a orar pela senhora.

Depois daquela experiência, eu me apeguei muito mais ao Senhor. Creio que quando Deus abençoa uma pessoa daquela maneira, isso se estende a toda a sua família, a todo o seu bairro, e foi assim que aconteceu.

Roberto, Junín, província de Buenos Aires, Argentina.

Fernando, o homem que foi curado nesse testemunho, relatou o seguinte:

Eu me sentia muito mal. Sentia dores em todo o meu corpo. Essa situação se prolongou durante quase um ano. Consultei-me com uns 22 médicos. Mas nenhum estabeleceu um diagnóstico exato. Até que um deles fez certos exames. Perante a suspeita de que fosse câncer, ele me enviou para o Hospital Francês, em Buenos Aires. Ali fui atendido por um especialista em oncologia e ele diagnosticou: câncer nos ossos, já com metástase. Minha situação era grave. Os médicos previram que só teria mais 15 dias de vida. Eu havia emagrecido tanto que não podia sentar-me, pois corria o risco de quebrar a coluna vertebral.

Quando meu sobrinho compareceu à campanha do irmão Annacondia na cidade de Mar del Plata para pedir oração por mim, comecei a melhorar. As dores desapareceram e passei a recuperar peso a cada dia. Foi tão grande a surpresa dos médicos que ainda hoje alguns deles não acreditam que eu esteja vivo e curado. Atualmente, onze anos depois, estou curado para a glória de Deus.

Em 1979 tivemos de enfrentar duas grandes forças: a liderança militar que governava o nosso país e o forte desejo de fazermos algo para Deus, após termos experimentado pela primeira vez o seu poder. Nós desejávamos profundamente falar aos perdidos sobre o amor e a salvação que Jesus Cristo oferece. Queríamos sair para orar pelos enfermos, pedindo a cura de Deus para eles. Portanto, decidimos entrar em um local cheio desse tipo de pessoas: os hospitais.

Em plena época do regime militar na Argentina, não era simples entrar nos hospitais para orar pelos enfermos. Por isso, durante o horário do meio-dia, quando o comércio fechava as portas, eu ia orar em um hospital. Antes de entrar, eu sempre dizia ao Senhor: "Senhor, torna-me invisível para eu poder entrar, e que ninguém me impeça". E assim acontecia. Eu entrava num lugar, orava pelos enfermos e Deus os curava. Era simples, eles criam e eu não duvidava.

Certo dia fui visitado por um irmão que naquele tempo trabalhava em minha empresa. Ambos, eu e ele, tínhamo-nos convertido no mesmo dia. Ele me disse que uma prima sua estava com câncer na tireóide e se encontrava muito mal. Já havia sido operada, já havia perdido a glândula tireóide, já havia recebido tratamento com cobalto a ponto de toda a pele do peito ficar queimada. Tamanha era a dor que ela sentia no local da queimadura, que sequer suportava os lençóis que a cobriam.

Imediatamente fomos à sua casa orar por ela. Ao chegar lá, a mulher levantou-se da cama com muito esforço e, apesar da dor, nos recebeu. Ela sabia que estávamos ali para trazer uma mensagem de Deus para ela. Oramos com fé por ela, lemos uma passagem da Bíblia e declaramos que Deus a amava e poderia curá-la daquela enfermidade.

Quando saímos daquela casa, eu disse àquele irmão: "Deus curou a sua prima. Tenho certeza de que Deus a curou". Ele me respondeu: "Amém, eu também creio nisso". No dia seguinte após aquela oração, telefonei para ela a fim de saber como estava. Eu tinha certeza de que alguma coisa sobrenatural havia acontecido. Alguém de sua família atendeu o telefone e nos disse: "Não podemos acreditar. Algo de extraordinário aconteceu". A mulher estava em pé, cozinhando. Já havia limpado o quintal e realizado uma grande quantidade de atividades domésticas.

Depois ela mesma nos contou o que aconteceu. No dia seguinte após aquela oração, enquanto seu esposo estava no trabalho e as crianças na escola, ela decidiu sair para varrer a casa. Os vizinhos, que sabiam de sua enfermidade, disseram-lhe: "Você não está em condições de fazer isso. Entre imediatamente para dentro de casa e volte para a cama. Se sua família surpreendê-la assim trabalhando, todos vão ficar furiosos com você". Mas ela respondeu: "Não vou mais morrer. Jesus me curou. Estou curada".

Aquele milagre aconteceu no final de 1979. Já se passaram muitos anos e ainda hoje aquela mulher continua viva e sadia. Segundo os médicos, naquele dia ou no dia seguinte ela deveria ter morrido, mas Jesus chegou antes e a curou.

As curas físicas são também parte dos sinais de Deus aos homens. Ao deparar em cada reunião com o assombroso milagre da cura, minha alma se alegra por várias razões. Uma delas é ver aqueles rostos cheios de tristeza e dor se transformarem em rostos cheios de alegria e emoção ao receberem a cura de Deus. Cada sinal que prova o poder de Deus indica ao homem a necessidade que ele tem de se voltar para o seu Criador, o seu Pai.

Muitos seguiam a Jesus porque viam nele sinais que ele realizava entre os enfermos (Jo 6:2). Todos os incrédulos se aproximam durante as reuniões para buscar reais evidências dos milagres. Depois que eles vêem as curas, só lhes resta arrepender-se de seus pecados. Esta é a outra razão que me dá tanta alegria: saber que as almas são salvas ao ver esses milagres de Deus acontecerem.

Na cidade de Encarnação, Paraguai, Benita nos relatou o seguinte milagre:

> Aos 37 anos de minha vida, comecei a me sentir muito doente. Tanto em Assunção como em Encarnação os médicos fizeram tudo o que era possível para me curar. Eu sentia muitas dores e sofria de hemorragias constantes. Sem saber o que fazer, enviaram-me à cidade de Posadas para ali eu receber a atenção de outros médicos. Minha filha, que vivia em Buenos Aires e era crente, veio visitar-me. A doutora disse que eu deveria passar por uma intervenção cirúrgica com urgência, porque a enfermidade estava muito avançada. Eu tinha câncer no útero.

Minha filha decidiu levar-me a Buenos Aires para que me operassem ali. Ao chegar naquela cidade, ela me levou imediatamente para participar de uma campanha que o irmão Carlos Annacondia estava realizando. Ali eu aceitei a Jesus como meu Salvador pessoal. Naquela mesma noite creio que fui curada, mas só pude comprovar isso no momento exato da operação a que fui submetida depois.

Na manhã em que eu saí para o hospital a fim de ser operada, ouvi uma voz me dizendo: "Você não vai ser operada. Já está curada". Imediatamente olhei ao meu redor para ver quem estava me falando, mas ninguém estava perto de mim. Somente minha sobrinha, que negou ter-me falado qualquer coisa.

Nos exames prévios antes da intervenção cirúrgica, os médicos viram que alguma coisa de extraordinário tinha acontecido. Começaram a me examinar. Veio um, veio mais outro e outro, e assim sucessivamente. No final, um deles disse-me: "A senhora está curada, não tem mais nenhum câncer".

Ao voltar para minha casa, meu esposo não acreditou em minha cura. Eu lhe disse que havia recebido um milagre de Deus. Mas ele insistiu em que eu deveria ser operada. Então pedi um sinal a Deus para que meu marido acreditasse que eu realmente havia sido curada, e Deus me concedeu. Aos 48 anos de idade, Deus permitiu que eu ficasse grávida. Nasceu um belo e sadio bebê chamado Jorge. Hoje, todos nós participamos dos trabalhos evangélicos na mesma igreja e servimos ao Senhor.

Propósitos da cura

Um dos principais propósitos do Senhor, por meio desses sinais milagrosos, é salvar os pecadores para que eles realmente recebam a vida eterna. Jesus Cristo não classificava as reuniões em cultos de evangelização ou cultos de cura. A Bíblia, em Lucas 9:6, diz que Jesus e seus discípulos passavam por todas as aldeias anunciando o evangelho e curando enfermidades. Anunciavam a mensagem de salvação e também curavam os enfermos. Eu não creio que as pessoas só aceitassem a Jesus após receberem a cura. Elas aceitavam a Jesus e muitas eram curadas.

A cura divina é um processo pelo qual Deus atua de forma sobrenatural sobre as pessoas, dando-lhes vida e saúde. Essa transformação que acontece em um enfermo quando ele recebe cura é unicamente um processo sobrenatural, divino. Devemos destacar que não estamos referindo nesse caso à intervenção científica da medicina, a qual respeitamos e aceitamos, e sim unicamente à atividade sobrenatural da cura dada por Deus.

Estudando as curas que a Bíblia descreve, grande quantidade delas foram resultado da misericórdia de Deus. Muitos expressavam: "Senhor, tem misericórdia de mim". Então Jesus se compadecia daquela pessoa e a curava. As multidões de aflitos seguiam a Cristo buscando um milagre.

Em Marcos 6:34 vemos que Jesus viu uma grande multidão e teve compaixão dela, porque eram como ovelhas que não tinham pastor. Então ele começou a lhes ensinar muitas coisas. Jesus aproveitava essas grandes reuniões de pessoas que se sentiam atraídas pelas curas e lhes ensinava.

Agora vemos com mais profundidade qual era o verdadeiro motivo pelo qual Jesus as curava. Em primeiro lugar, e o mais importante, era para glorificar ao Pai por meio dos milagres. Em segundo lugar, fazer com que aquela cura mudasse totalmente a pessoa. Esse milagre realizaria uma mudança na vida daquela pessoa e ela passaria a servir ao Senhor.

Quando Jesus libertou o endemoninhado gadareno, este queria seguir a Cristo. Porém, ele não o permitiu e lhe disse:

> Vai para tua casa, para os teus, e anuncia-lhes quão grandes coisas o Senhor te fez, e como teve misericórdia de ti (Mc 5:19).

Esse era o plano que Deus tinha preparado para aquela vida: ser mensageiro do milagre do evangelho. Essa libertação foi um impulso para tornar aquele homem um grande pregador do evangelho. Por acaso não será este o plano de Deus também para você?

Oração pelos enfermos

Existem diversas formas de orar pelos enfermos. Veremos agora a que foi utilizada neste livro desde o início: "Imporão as mãos sobre enfermos, e os curarão" (Mc 16:18). Isto eu tenho comprovado ao longo de toda a minha vida cristã. Centenas de pessoas têm sido curadas por Jesus Cristo a partir do momento em que eu lhes imponho as mãos.

Impor as mãos

Há poder no *toque* das mãos. Muitas vezes Jesus também curou os enfermos tocando-os com suas mãos. Mas, na realidade, esse não foi o único método que ele utilizou, se bem que a primeira vez que Jesus curou durante seu ministério terreno tenha sido tocando a pessoa, ou seja, por "imposição de mãos".

Observemos a cena que Marcos nos relata em Marcos 1:31. Jesus foi visitar a sogra de Pedro e a Palavra de Deus diz que ele a pegou pela mão e a levantou. Imediatamente a sua febre cessou. A mesma passagem, sendo relatada por Lucas, mostra outro detalhe sobre essa grande cura. Ali nos é dito que Jesus, ao se aproximar da sogra de Pedro, inclinou-se para ela, repreendeu a febre e imediatamente a mulher ficou curada.

No paralelismo desta passagem identificamos a atitude de Jesus para com a enferma. Ele se aproximou e ajoelhou-se perto dela, pegou-a pela mão, orou repreendendo a enfermidade, e imediatamente a mulher foi curada. Tão-somente um *toque* de Jesus determinou a cura daquela mulher.

O *toque* tem em si uma importância particular. As crianças sempre sentem segurança quando suas mães as tocam. Mesmo que elas não pronunciem palavra alguma, esse pequeno toque é uma maneira especial de dizer "eu estou com você".

Agora vejamos: o que acontece se eu impuser as mãos sobre um enfermo e realmente não crer que essa pessoa vai ficar curada? Provavelmente ela não será curada. A fé é o que diferencia a enfermidade e a cura. Nós devemos entender que não existe nenhum poder em nossas mãos físicas, mas a unção e o poder vêm do Espírito Santo e fluem através delas. Isso nos é confirmado na Bíblia no seguinte versículo: "E Deus, pelas mãos de Paulo, fez milagres extraordinários" (At 19:11).

Quando você, líder, pastor, ora em sua igreja pedindo cura para as pessoas, sempre o faz crendo que Deus realiza milagres e que aquela noite será especial. A pessoa pela qual você está orando reconhecerá sua fé e autoridade divinas, e ao mesmo tempo ativará a sua própria fé, recebendo a cura. Desta maneira o milagre será realizado.

Geralmente, quando oro pelos enfermos durante as minhas campanhas, imediatamente peço que eles façam aquilo que as suas enfermidades não lhes permitiam que eles fizessem antes. Então vejo as pessoas que não podiam levantar os braços levantando os braços. Os que não podiam andar ou correr dão os primeiros passos, outros saem correndo e pulando. Outros começam a apalpar o local dos tumores ou dos fribromas que antes afligiam seus corpos. Imediatamente, as lágrimas brotam dos olhos das pessoas que estão vendo ali os resultados da oração da fé.

Cada uma dessas pessoas começa a pôr sua *fé em ação*. Cada intenção de alcançar a cura demonstra fé. Depois peço que elas venham até a plataforma e dêem o testemunho do que receberam, a fim de inspirar ou aumentar a fé dos que ainda não receberam o milagre.

Oração por objetos pertencentes aos enfermos

Certa vez, durante uma campanha que estávamos realizando no bairro De la Boca, na cidade de Buenos Aires, uma mulher aproximou-se de nós de maneira desesperada. Seu filho estava internado em estado muito grave no Hospital Argerich, localizado perto dali. Ela trazia nas mãos um lenço do seu filho para que orássemos sobre ele. A criança se encontrava em estado de coma irreversível e respirava por aparelhos. Aquela mulher aproximou-se com fé, acreditando que iria obter a cura para o seu filho, apesar de os médicos já terem declarado a "morte cerebral" daquela criança. Nós oramos sobre o lenço que nos foi apresentado e continuamos o nosso trabalho.

Ao voltar para a sala de terapia intensiva do hospital, a mãe colocou o lenço na testa do menino e ele milagrosamente abriu os olhos, recuperou os sentidos e começou a falar. Quando isto aconteceu, as mães que estavam cuidando dos seus filhos na mesma sala começaram a disputar aquele lenço. Uma das pessoas que estavam ali naquele momento contou-me depois que, quando elas colocavam o lenço sobre outras crianças enfermas, várias delas ficavam curadas no mesmo instante por meio da fé no poder de Deus. Alguns dias depois, essas mães vieram dar seus testemunhos e agradecer a Deus pelo grande milagre que seus filhos haviam recebido naquele hospital.

Durante todo meu ministério, tenho visto milagres e ouvido falar sobre milagres de cura e libertação pela oração feita sobre objetos pertencentes a enfermos que não puderam comparecer à campanha. Geralmente, em cada reunião, muitas pessoas trazem lenços, pijamas, camisas para que nós oremos sobre eles.

Esses objetos costumam servir de bênção para os aflitos. A Bíblia relata curas ocorridas desta maneira. No livro de Atos, capítulo 19:11,12, está escrito:

> E Deus, pelas mãos de Paulo, fez milagres extraordinários. De sorte que até lenços e aventais eram levados do seu corpo aos enfermos, e as enfermidades os deixavam, e os espíritos malignos saíam.

Creio que essas simples peças ungidas pelo Espírito Santo podem curar enfermos e libertar oprimidos. Devemos lembrar que Deus está sempre pronto para curar. Porém, muitas vezes a cura demora a acontecer porque existem correntes demoníacas por trás de cada enfermidade, e também pode ser que Deus queira nos ensinar algo especial por meio de provas.

Por que nem todos os enfermos são curados?

Cada noite comparecem aos cultos pessoas com as mais diversas enfermidades físicas e espirituais. Muitos testemunhos de cura e libertação são dados no decorrer das campanhas. Esses testemunhos inspiram a fé dos que estão participando.

Porém, algumas pessoas também me perguntam por que, entre centenas ou milhares que estão ali, somente algumas são curadas. Gostaria de recapitular aquela passagem em que Jesus estava no tanque de Betesda, conforme o evangelho de João, capítulo 5. Ali havia muitos enfermos: coxos, cegos e paralíticos. Mas Jesus aproximou-se somente do paralítico e lhe perguntou: "Você quer ser curado?". Se Jesus estivesse perto de nós, talvez lhe perguntássemos por que ele curou somente o paralítico, já que havia ali uma multidão de enfermos. Em todos esses casos, devemos crer somente na soberania de Deus.

Não posso dizer que a causa de muitas pessoas não receberem a cura seja somente falta de fé. Sou testemunha de casos envolvendo muitas pessoas que chegaram às reuniões sem nenhuma fé, só por curiosidade, e Deus as curou. Alguns subiam à plataforma tremendo, e testificavam: "Eu não cria. Eu vim aqui só para zombar de Deus, e ele me curou".

Na maioria das passagens, a Bíblia indica que Jesus cura a todos os enfermos. Em alguns casos, lemos: "Jesus, sabendo isso, retirou-se dali. Acompanhou-o uma grande multidão, e ele curou a todos" (Mt 12:15). "E toda a multidão procurava tocar-lhe, porque saía dele poder, e curava a todos" (Lc 6:19). Ao examinar atentamente esses textos, entendi que todas essas pessoas iam diretamente a Jesus em busca de cura.

Na atualidade, muitos compareçem às campanhas ou às igrejas para ouvir ou ser abençoados por essa ou aquela pessoa famosa, mas não para ter um encontro com o Grande Salvador e Grande Médico que é Jesus Cristo. Esse é o grande erro dessas pessoas e a grande diferença entre ser ou não ser curadas. Buscam tão-somente a cura, e não ao Único que pode curar.

Nos tempos de Jesus havia uma mulher que há doze anos padecia de um fluxo de sangue. Ela, conforme diz a Bíblia, pensou: "Se eu tão-somente tocar o seu manto, ficarei sã". E assim ela o fez. Mas Jesus sentiu que alguém havia tocado com fé em suas vestes, e voltando-se para a mulher, disse: "Tem bom ânimo filha, a tua fé te salvou". E aquele mulher obteve a cura e a salvação a partir daquele momento (veja Mt 9:20-22). Ela, que sofria de uma hemorragia constante durante tantos anos, buscou primeiramente em Jesus a salvação e, junto com a salvação, a cura.

Em uma de minhas últimas campanhas aconteceu um caso surpreendente. A situação que os países atravessam nesses últimos tempos é realmente muito difícil. As pessoas procuram desesperadamente um milagre. Ao finalizar as reuniões, sempre desço da plataforma para orar por todos individualmente. Mas, naquela noite, ao começar a orar e a impor as mãos sobre a cabeça das pessoas, elas começaram a segurar minha mão e a passá-la de uma pessoa a outra, até quase me arrastarem entre elas. Nunca em tantos anos de ministério eu tinha visto demonstrações de necessidade do socorro de Deus tão grandes.

Ao voltar para casa, comentei com minha esposa sobre o que havia acontecido. Então, sabiamente, Maria comentou: "Quando nós éramos novos convertidos, você lembra a quem nós pedíamos que orasse por nós? Nossos joelhos eram as únicas testemunhas que confessavam nossa dependência de Deus. Nós nunca dependemos de um toque de homem para alcançar as bênçãos e misericórdias do Senhor. Nessa escola é que fomos graduados".

Se as pessoas saem em busca de cura proporcionada por Jesus, certamente elas a encontrarão. Mas se saírem em busca de Carlos Annacondia, nunca se libertarão da enfermidade. É por isso que digo constantemente em minhas campanhas: "Quem está no comando deste trabalho é Jesus. Quem pode curar é Jesus. Quem pode salvar é Jesus. Se ele não derramar aqui do seu poder e da sua graça, nada acontecerá". Se as pessoas entenderem a seriedade do que estou dizendo, sairão dali curadas, libertas e salvas.

Certa vez um de meus colaboradores me perguntou: "Por que os meios de comunicação não divulgam os casos de cura tão extraordinários que nós vemos acontecer em nossas reuniões?". Eu lhe respondi que não estava na sabedoria humana o entendimento das coisas de Deus. O homem natural não pode entender as coisas sobrenaturais. Ele não as pode discernir, porque não tem o Espírito Santo.

Há casos impactantes e assombrosos como o de um ex-combatente da Guerra das Malvinas. Como resultado do combate, aquele homem tinha a metade do crânio recomposta em platina. Porém, após participar de um dos cultos onde Deus derramou imensamente o seu poder, Deus reconstituiu os ossos do crânio do ex-combatente. O metal desapareceu. Esse milagre fez com que toda a família do rapaz aceitasse a Jesus.

Em outra oportunidade, orei por um jovem cego que tinha vindo à reunião trazido por um guia. Após a oração, ele recuperou instantaneamente a vista, deu testemunho do milagre e nunca mais tornei a ver ou ouvi falar daquele jovem. Porém, há poucos meses voltei àquela mesma cidade para realizar outra campanha e vi outra vez aquele jovem sendo trazido por um guia para que eu orasse por ele. Então perguntei o que havia acontecido. Ele me contou que, após recuperar a visão, nunca mais quis saber de Jesus. Deu as costas para Deus, caiu em uma vida libertina e pecaminosa, esquecendo-se de quem o havia curado. Naquele dia eu orei por ele, mas ele não recuperou a visão. O rapaz havia desperdiçado a oportunidade que Deus lhe havia dado.

Então lembrei-me de quando Jesus voltou a encontrar o paralítico e lhe disse: "Olha, agora já estás curado. Não peques mais, para que não te suceda coisa pior" (Jo 5:14).

"Perdoados estão os teus pecados"

Vejo constantemente curas maravilhosas sendo realizadas por Deus. Ao longo desses anos, pude observar que muitas enfermidades são resultado de uma vida submersa no pecado. Assim como nós notamos que a falta de perdão é um obstáculo para a cura, o pecado também o é.

Um dos melhores exemplos que podemos retirar da Bíblia sobre esse assunto se encontra em Marcos 2:1-12. Trata-se da história de um paralítico trazido por quatro homens até o local onde estava Jesus. Como a multidão impedia que eles se aproximassem, resolveram subir para o telhado da casa e ali fazer uma abertura no teto. Desta maneira puderam descer pelo buraco no telhado aquele homem deitado no seu leito.

Eu gostaria de que juntos reconstituíssemos os fatos. A fé dos amigos devia ser muito grande. Eles sabiam que Jesus podia curar o paralítico, mas não era tão fácil ter acesso ao Senhor. A multidão os impedia de se aproximar, e além do mais eles estavam conduzindo o paralítico em uma cama. Após várias tentativas, alguns deles devem ter sugerido o seguinte: "E se nós o levássemos até o teto? Podemos abrir um buraco ali, e com algumas cordas o desceremos". O paralítico deve ter dito: "Pelo teto? Bem, na realidade, eu desejo que Jesus ore por mim. E farei o que for necessário para conseguir isso". Outro amigo talvez tenha calculado o lugar exato pelo qual ele deveria entrar, e os quatro juntos o desceram pelo teto.

Imediatamente, enquanto falava à multidão, Jesus viu o paralítico ser descido naquela cama amarrada por cordas. E naquele momento Jesus constatou que tanto o enfermo como aqueles quatro amigos tinham muita fé. Toda aquela mobilização demonstrava fé na única pessoa que podia curar o paralítico. Então Jesus lhe disse: "Filho, perdoados estão os teus pecados".

Reflita um pouco sobre o que o paralítico, os amigos do paralítico e a multidão devem ter pensado naquele momento acerca de Jesus. Inclusive você. O que você pensaria? Jesus perdoou os pecados daquele homem, porém o que ele estava buscando mesmo era a cura, e não o perdão. É claro que Jesus sabia o que todos estavam pensando naquele momento, e por isso lhes disse: "Por que arrazoais sobre estas coisas em vossos corações?".

O significado da palavra "arrazoar" é fixar tenazmente a atenção em alguma coisa. Jesus sabia disso com relação aos presentes. Vejamos a idéia completa. A Bíblia diz: "Jesus, conhecendo logo em seu espírito que assim arrazoavam entre si, lhes disse: Por que arrazoais sobre estas coisas em vossos corações? Qual é mais fácil, dizer ao paralítico: Estão perdoados os teu pecados, ou dizer-lhe: Levanta-te, toma o teu leito, e anda?" (Mc 2:8,9).

Jesus sabia o que havia dentro do coração daquele homem enfermo. Ele sabia que havia uma barreira que impedia a cura: o pecado. Entre Deus, sua bênção e nós, muitas vezes existem barreiras. Então Jesus removeu aquela barreira e em seguida curou o homem.

Cada pessoa enfrenta barreiras antes de chegar a Cristo. Eu as enfrentei e creio que você também as enfrentou. Por isso necessitamos da ministração do Espírito Santo por meio do perdão para alcançar a cura e a libertação espiritual.

O perdão é tão importante em uma vida, que, se a pessoa não se libertar do rancor, este pode levá-la à loucura. Tal foi o caso de Beatriz, que leremos a seguir:

> Minha infância foi muito difícil e cruel. Minha juventude não foi diferente, mesmo tendo eu acreditado que havia encontrado a felicidade ao conhecer o meu marido. Nós constituímos uma família, tínhamos uma boa situação financeira, porém o ódio e o ressentimento se apoderaram do meu coração. Eu acreditava que o dinheiro poderia trazer a felicidade para dentro de mim, mas não foi isso o que aconteceu.
>
> Por intermédio de uma das minhas filhas, fiquei sabendo que meu esposo estava me traindo com uma colega de trabalho. Aquele ódio latente em minha vida começou a ferver até transbordar. Planejei matar meu marido e em seguida me matar. Várias vezes tentei fazer isso usando faca, navalha, revólver e outros objetos. Ainda hoje meu esposo tem marcas no corpo.
>
> Esse estado de ira interior fez com que eu afundasse em uma profunda depressão. Perdi mais de quinze quilos, tornei-me uma anoréxica. Meu corpo já não respondia aos meus comandos e eu vivia prostrada em uma cama. Meus filhos tinham de me acompanhar até para eu tomar banho. Tinham de cuidar de mim como se eu fosse uma criancinha. De dia e de noite. Eu nunca podia ficar só, porque, se ficasse, tentava o suicídio. Certa vez me joguei de um carro em movi-

mento, mas não consegui morrer. Outra vez tentei jogar-me debaixo de um trem, mas no momento que ia fazê-lo, alguém me segurou. Eu não comia, não dormia, todos os meus órgãos estavam com problemas de desempenho e deixaram de funcionar normalmente. Isto produziu em mim uma paralisia hemiplégica que entortou completamente o meu rosto e parte do meu corpo para o lado direito. Os médicos diagnosticaram: esquizofrenia paranóica.

A outra etapa da minha vida foi em um hospital neuropsiquiátrico. Quando eu estava ali, escutei pelo rádio que seria realizada a poucas quadras do hospital uma campanha evangelística pelo pastor Carlos Annacondia. Disseram que ele oraria pelos doentes. Decidi ir. Consegui me esquivar de todas as pessoas que me vigiavam e fugi para o local onde a campanha seria realizada. Meu estado era tão deplorável que, ao chegar àquele lugar, os conselheiros me pegaram pela mão e me levaram para o local de aconselhamento para orar e conversar comigo. Realmente eu estava louca, meu olhar era fixo, sem reflexo, visivelmente de uma pessoa fora de si.

Mas, quando o evangelista orou, senti que algo muito especial aconteceu do lado direito do meu corpo, exatamente a parte que estava paralisada. Senti também um calor muito profundo no alto de minha cabeça. Naquele momento tive a sensação de que algo muito pesado estava sendo retirado dos meus ombros. Mas de repente comecei a gritar como um animal e, conforme me contaram depois, fiquei suspensa no ar durante alguns segundos. Pediram-me que eu perdoasse a quem odiava, mas eu não queria fazê-lo.

Quando o irmão Annacondia veio pessoalmente orar por mim, segurou minhas mãos, olhou nos meus olhos e disse: "Se não houver perdão e sentimento de paz em seu coração, nada do que fizermos aqui a ajudará". Senti que Jesus estava ali. Naquele instante entendi que tinha de perdoar o meu esposo para terminar de vez com meu sofrimento e receber a libertação. Assim fiz, e fiquei curada fisicamente. A paralisia desapareceu, as várias hemorragias cessaram, minha coluna encurvada se endireitou, o funcionamento dos meus rins normalizou-se e os demais órgãos passaram a funcionar como antes da doença.

Daquele dia em diante entreguei minha vida ao Senhor de todo o meu coração. Deus restaurou meu casamento. Meu esposo aceitou a Jesus, e hoje somos líderes de um grupo de crescimento em nossa igreja. Há pouco tempo falei acerca de Deus à jovem com quem meu esposo me havia traído. Ela se arrependeu, aceitou Jesus e hoje congrega em outra igreja evangélica.

Restauração dentária

Em certa oportunidade, enquanto eu ministrava às pessoas que haviam se aproximado da plataforma, orei por um jovem de dezoito anos. Ao impor minhas mãos sobre sua cabeça, o rapaz estremeceu e caiu para trás. Percebi que um espírito demoníaco estava nele. Aproximei-me e perguntei: "Quantos demônios estão neste corpo?". Então eles me responderam, pela boca do rapaz: "Somos muitos".

Imediatamente pedi a um conselheiro que levasse aquele rapaz até ao local de libertação para que ele recebesse oração de todos os que estavam ali. Quando o culto terminou, fui ver aquele jovem que me havia chamado tanto a atenção. Após intensa luta contra as potestades demoníacas, ele foi liberto.

Quando concluímos a oração, ele nos contou a sua vida. Conhecera ao Senhor há muitos anos, mas tinha se desviado. Certo dia o próprio diabo lhe apareceu no caminho de sua casa e conversou com ele. Tomou a Bíblia que ele tinha nas mãos e a rasgou em mil pedaços. Em seguida disse ao rapaz: "Você quer dinheiro, fama e poder? Eu posso dar-lhe tudo isso. E, para demonstrar o meu poder, vou obturar esse dente cariado que você tem aí". Imediatamente o diabo introduziu o dedo com uma pasta preta na boca do rapaz, que ficou surpreso ao ver seu dente ser restaurado naquele mesmo instante. A admiração daquele moço foi tão grande, que imediatamente fez um pacto com Satanás ali mesmo.

O fato é que, na noite em que o rapaz compareceu àquele culto de libertação, ele estava intimado a entregar a Satanás, em sacrifício, o seu único filho. Satanás havia dado ao rapaz o controle da vila onde ele vivia. Ali ele podia fazer o que quisesse, até mandar matar. Ele chefiava várias quadrilhas de tráfico de drogas e era dono de diversos pontos de prostituição. O diabo também tinha entregue a ele uma cruz com uma mancha vermelha no centro, recomendando que o rapaz a mantivesse sempre na mão e invocasse o poder diabólico quando o desejasse. Sempre que o rapaz tinha dificuldades, apertava aquela cruz entre os dedos e o diabo aparecia.

Porém, Deus queria que aquele jovem tivesse uma oportunidade de salvação, e o levou até ali para ouvir a Palavra de Deus. No momento em que eu estava orando por ele, ele apertou a cruz na mão, mas, pela primeira vez, não aconteceu nada. Tal foi o choque de poderes naquela oração, que a cruz que ele mantinha entre os dedos ficou toda em pedaços. As horas se passavam e nós continuávamos a orar por aquele moço. Perto da meia-noite, o rapaz começou a se desesperar. Ele devia entregar seu primeiro filho em sacrifício a Satanás naquela noite. No meio da oração de libertação, o diabo me disse pela própria boca do rapaz: "Ele é meu. Por isso vou tirar a sua vida. Vou paralisar seu coração". E tal foi o grau de luta espiritual travada naquele instante, que o jovem parou de respirar. Então eu pedi a Deus que devolvesse a vida àquele rapaz. E assim aconteceu. O rapaz voltou a respirar, ficou livre e pôde contar publicamente tudo o lhe havia acontecido.

Ao relatar-me a história da obturação que Satanás havia feito no seu dente, eu imediatamente coloquei um pouco de azeite ungido no meu dedo e coloquei o dedo sobre a obturação que o diabo havia feito. Em seguida, disse: "Em nome de Jesus, eu desfaço toda obra do diabo sobre este dente". Algo de assombroso aconteceu. Aquela obturação derreteu-se imediatamente. Naquele momento, pensei: *Se é isso que o diabo está fazendo na boca das pessoas, vou orar para que, por meio do poder de Deus, as obras do diabo sejam desfeitas*. E foi assim que comecei a orar pelas cáries, e milhares de pessoas passaram a receber restaurações dentárias de diferentes tipos de material, algumas delas em ouro. Deus faz milagres assombrosos.

Satanás trouxe o pecado ao mundo, e em seguida as enfermidades e a morte entraram nele como conseqüência. Mas Cristo veio para desfazer as obras do diabo, e uma delas é a enfermidade. Portanto, podemos crer que Jesus cura nossas enfermidades hoje. Cristo levou sobre si nossos pecados e nossas enfermidades. Aceite-o, e você será curado. Deus pode transformar sua enfermidade em um milagre assombroso de cura.

Neste capítulo, quero deixar para você uma oração que todas as pessoas que necessitam de cura têm feito. Você deve colocar suas mãos sobre a enfermidade e repetir em voz alta essa oração. Coloque em ação toda sua fé e creia fielmente em Jesus Cristo, nosso Senhor.

> *Pai, minha alma te louva e te glorifica. Pai do céu, estou aqui diante da tua divina presença. Peço-te que tenhas piedade de mim, no doce nome de Jesus Cristo.*
>
> *Pai, começa a tocar-me agora, meu Deus. Começa a tocar o meu corpo doente. Toca-me, Jesus. Pai bondoso e misericordioso, toca com o teu poder esta enfermidade em meu corpo. Toca, Jesus, por que há poder em tuas mãos.*
>
> *O Espírito Santo está começando a mover-se em minha vida; ele está curando e limpando o meu corpo. Senhor, sinto neste momento o poder de Deus! O poder de Deus! Aleluia! É por tuas chagas que estou sendo curado. Amém e amém, Jesus.*

Capítulo 15

O mundo para Cristo

Santa Cruz, Bolívia

Prezado irmão Carlos Annacondia:
Saudações ao irmão e à sua família. Decidi escrever-lhe para contar-lhe o meu testemunho. Algo glorioso aconteceu em minha vida, e desejo que o irmão saiba o que Deus fez comigo e com minha família através do seu ministério.

Meu nome é Jagpal Singh Dhaliwal. Nasci em 1969 no noroeste da Índia, na cidade de Punhjab (Ludhiana). Fui criado na religião do sikhismo. Eu acreditava em dez profetas e na reencarnação das vidas. Porém, alguma coisa aconteceu no meu coração que não me permitia mais aceitar aquela crença. Dia após dia eu me perguntava: De que me serve levar uma vida de tanto sacrifício, se um dia terei de morrer para em seguida ser transformado em uma planta ou em um animal? Eu não encontrava motivo e lógica para aquilo. Sentia um grande vazio dentro de mim. Procurei ajuda no hinduísmo, em seguida no budismo, pratiquei yoga, mas nada mudou meu sentimento interior de vazio.

Os anos se passaram e minha família se desentendia cada vez mais. Minha mãe era professora e meu pai, militar. Ele bebia muito, e isto fazia com que as brigas dentro de casa fossem cada vez mais intensas. Voltei-me para a astrologia e as ciências ocultas, mas não encontrei nelas nenhuma ajuda. Tudo ia de mal a pior.

Com o passar dos anos, meus pais decidiram ir para Santa Cruz, na Bolívia. Ali perderam todo o dinheiro que tinham. Isto empurrou meu pai mais fortemente para o alcoolismo. Nenhuma religião, nenhum tratamento pôde ajudá-lo com relação àquele vício. Não havia tranqüilidade em minha casa, e isso me levou a pensar em suicídio várias vezes.

Porém, em dez de agosto de 1991, um amigo convidou-me para assistir a uma campanha evangelística, onde o irmão seria o pregador. Era a primeira vez que eu ia assistir a uma reunião daquele tipo, e também era a primeira vez que ouviria falar especificamente sobre Jesus. Milhares de pessoas estavam naquele lugar, e não sei o que estavam cantando nem falando. Naquela época o meu espanhol ainda era muito pobre. Mas gostei de ver aquelas pessoas tirando os seus lenços do bolso e agitando-os no ar enquanto cantavam, sorrindo.

Quando o irmão subiu à plataforma, todos começaram a aplaudir e a levantar as mãos. Fiz o mesmo. Então o irmão começou a orar e, mesmo que eu não entendesse o que o irmão estava dizendo, suas palavras comoveram meu coração. Imediatamente, sem saber o motivo, comecei a chorar e a gemer. Eu não podia me controlar. Em seguida o irmão abriu a Bíblia e começou a lê-la. Era a primeira vez que eu escutava palavras daquele livro. Em sua voz havia algo que me tocava profundamente e trazia paz ao meu coração. Minha atitude era de reverência; em meu interior eu sabia que alguém com a unção e santidade de Deus estava naquele lugar.

Depois da pregação, o irmão orou. Imediatamente vi uma mulher lá na frente cair no chão. Achei que ela tivesse desmaiado, mas, ao olhar para a esquerda, vi muitas outras pessoas caindo. Era surpreendente! Eu jamais tinha visto algo semelhante!

O irmão continuava orando e, quando tocava nas pessoas, elas caíam. Tudo era novidade para mim. Eu nunca tinha visto nada igual na Índia. Lembro-me de que comentei com o meu amigo que somente as pessoas fracas caíam e que eu não cairia porque era muito forte; eu era da Índia. Meu amigo riu-se de mim e orientou-me a ir até a frente para receber a oração do pregador. Imediatamente, vi-me na fileira da frente, querendo que o irmão orasse por mim. Eu olhei para um dos assistentes e com minhas poucas palavras disse-lhe: "Eu não cair, eu não cair". Ao fechar os olhos, um pensamento passou por minha mente. Senti a necessidade de pedir ajuda. Orei a Deus, dizendo: "Deus, ajuda-me". Repeti isso várias vezes.

Então o irmão colocou sua mão sobre minha cabeça e orou por mim. Mas nada de diferente aconteceu. Então pensei: "Os outros caem, e comigo não acontece nada". Mas, ao abrir os olhos, percebi que eu também havia caído! Eu estava no chão, e nem percebera quando caíra! Respirei profundamente, e uma paz intensa encheu o meu coração. Foi naquele momento que conheci quem era Deus. Todo o meu ser sentiu a sua presença. Eu não queria mais sair daquele lugar. Senti correr como uma corrente elétrica por todo o meu corpo. Aceitei Jesus naquela noite com meu Salvador.

No dia seguinte levei meu pai para assistir ao culto. Ele recebeu ministração espiritual na tenda de libertação e foi curado do vício do álcool. Daquele dia até hoje ele nunca mais tocou em bebida. Em seguida, minha irmã e minha mãe aceitaram ao Senhor Jesus. Desde aquele momento tudo mudou em meu lar. Tornei-me a pessoa mais feliz do mundo. O vazio dentro de mim desapareceu.

Depois daquela campanha que durou 33 dias, comecei a congregar em uma igreja da cidade de Santa Cruz, sob a liderança do pastor Ariel Batallano. Ali fui discipulado e me ensinaram muitas coisas sobre as Escrituras. Em 1992, fui batizado em águas. No ano seguinte recebi o batismo no Espírito Santo, e algum tempo depois fui chamado para o ministério. Cursei o seminário bíblico, e em 1994 fui consagrado pastor.

Contei meu testemunho em alguns países, como Bolívia, Peru, Estados Unidos e Canadá. Deus tem-me acompanhado com sinais e maravilhas. Hoje estou preparado para pregar o evangelho às pessoas de meu próprio povo, de minha própria tribo na Índia. Eles devem saber que só Jesus Cristo pode salvar.

Agradeço a Deus por sua vida, irmão Carlos Annacondia, por ter sido o canal que me levou a Cristo. Eu o aprecio muito. Sempre estarei orando pelo seu ministério.

Seu filho espiritual, Jagpal

Por meio das experiências e dos ensinamentos reunidos neste livro, certamente Deus ajudará, tanto a mim quanto a você, a identificar as diversas artimanhas que o diabo usa para enganar as pessoas. Deus deu uma tarefa específica a cada um dos seus discípulos. Você é discípulo de Deus. Eu sou discípulo de Deus. A mensagem é clara, a comissão é simples, ainda que desafiante. Em nenhum momento de sua vida você deve esquecer isto que está prometido para nós: "E estes sinais hão de seguir os que crerem".

Quando Jesus apareceu aos onze discípulos e lhes deu a Grande Comissão, a Bíblia diz que o Senhor, depois que falou com eles, subiu aos céus e se assentou à direita de Deus. Porém há algo que coroa esta passagem. Está em Marcos 16:20:

> Então os discípulos partiram, e pregaram por toda a parte, cooperando com eles o Senhor, e confirmando a sua palavra por meio dos sinais, que a acompanhavam.

Estas palavras estabelecem o valor e confirmam o ministério de todos os que estão trabalhando pelas almas perdidas. Os discípulos saíram para as ruas a fim de cumprir o mandamento que haviam recebido, e o Senhor sempre esteve com eles, ajudando-os e confirmando com sinais tudo o que ele já havia dito.

Nosso desafio hoje é atuar eficientemente em um mundo que está sendo destruído pelo diabo. As ruas estão cheias de pessoas sem rumo na vida, desorientadas, buscando o caminho que nós já encontramos. Você não acha que é hora de elas também conhecerem a verdade? Em nossas mãos estão a autoridade, a unção, o poder e os sinais. Nunca esqueça que da mesma forma como aconteceu com os discípulos, o Senhor estará conosco para onde quer que nos dirijamos. Estará aprovando e confirmando o nosso trabalho com sinais, e, com estes sinais, a Palavra.

O coração de Deus está doído por ver as ovelhas perdidas. Dia após dia milhares de almas morrem nas mãos daquele que só as enganou, e o mais triste é saber que muitas delas nem ouviram o evangelho de nosso Senhor Jesus Cristo. Não permita que as almas padeçam dessa forma e caiam no inferno, para a condenação eterna. A Palavra de Deus diz: "A alma que pecar, essa morrerá" (Ez 18:4). Não devemos permitir que tantas vidas continuem se perdendo sem conhecimento da verdade.

A Igreja de Jesus Cristo tem a grande responsabilidade de anunciar o evangelho. Senti de Deus que grande parte da Igreja tem esquecido o Grande Mandamento, a Grande Comissão que nosso Senhor Jesus Cristo nos deixou: "Ide por todo o mundo, e pregai o evangelho a toda criatura" (Mc 16:15).

Como pregaremos eficientemente aos perdidos? Simplesmente usando a verdade e a simplicidade do evangelho. Eles estão cansados de fracassos, de mentiras. Sentem-se sem esperança e imensamente necessitados. Porém, o fato é que não podemos nos dirigir a essas pessoas somente com palavras. Muitas delas já perderam a confiança em quem se dizia investido de poder e autoridade. Muitas pessoas as enganaram e não cumpriram suas promessas. Mas a Bíblia garante que Deus sempre cumpre aquilo que promete.

A Igreja não pode sair para falar ao mundo com as mãos vazias. O apóstolo Paulo disse:

> A minha palavra, e a minha pregação, não consistiram em palavras persuasivas de sabedoria humana, mas em demonstração do Espírito Santo e de poder (1Co 2:4).

É necessário que preguemos com unção. Não podemos permanecer mais em uma atitude passiva. Necessitamos usar uma mensagem cheia do poder e da virtude de Deus, para que os sinais se manifestem. Sabemos muito bem que, se o poder não for de Deus, não haverá frutos. Não haverá sinais que confirmem que estamos pregando alicerçados na aprovação de Deus.

O mesmo Jesus Cristo nos disse que iríamos receber poder quando viesse sobre nós o Espírito Santo. Ele é o encarregado de ungir pessoalmente cada crente. Desta forma, temos a garantia de que ganharemos as almas para Cristo. Cada um deve fazer isto a partir do lugar onde Deus o colocou, seja em uma grande plataforma, seja em uma pequena igreja ou em um trabalho muito simples. Devemos pregar com poder um evangelho explosivo.

E o que aconteceria se a esse poder explosivo se somasse a autoridade de Jesus? Já falamos em capítulos anteriores sobre a autoridade que Jesus nos deu. Posso lhe garantir que, se você pregar o evangelho de Jesus Cristo com unção, poder e autoridade, ninguém permanecerá indiferente. Os sinais que os acompanharão serão tão impactantes que ninguém poderá ignorá-los. Coloque diante de você este desafio! Não continue insensível diante das coisas espirituais. Prepare-se para uma mudança. Procure esse poder que o Senhor nos prometeu. Busque a dinamite explosiva que o Espírito Santo depositará em suas mãos. Esse poder fará com que as palavras que você pronunciar sejam eficazes.

Os cinco aspectos da Grande Comissão

Na Grande Comissão que nosso Senhor Jesus Cristo nos deu encontramos cinco pontos que marcam especificamente os sinais que acompanharão a todo aquele que se dispuser a realizá-la.

1. Salvação

O primeiro ponto da Grande Comissão é a *salvação*, que está implícito nestas palavras: "Ide por todo o mundo, e pregai...". Isto deve ser feito por todos os que sabem que Deus tem uma resposta para todas as necessidades do ser humano e uma oportunidade única de vida eterna oferecida à humanidade.

2. Libertação

O segundo ponto da Grande Comissão é a *libertação*, e isto está subentendido na frase: "expulsarão demônios". Devemos estar totalmente seguros de que, como filhos de Deus, temos autoridade sobre as hostes diabólicas. Podemos repreender o diabo com autoridade e enfrentá-lo com estas palavras: "*Escute aqui, Satanás*, eu te ordeno que saias agora da vida desta pessoa e a deixe livre".

3. Investidura

O terceiro aspecto da Grande Comissão nós o chamamos de plenitude do Espírito. É a *investidura* que todos nós necessitamos receber de Deus. Recebemos graciosamente esse dom não merecido. O fluir do Espírito Santo deve estar sobre, em e por meio do crente nascido de novo. Isto implica ter uma vida cheia de propósitos e de sentido. O Espírito Santo é quem nos orienta e dirige aqui na terra.

4. Cobertura espiritual

O quarto princípio é a *cobertura espiritual* que temos em Cristo Jesus. Quando a Bíblia diz que "coisa mortífera não lhes fará mal algum", constatamos que existe uma cobertura sobrenatural envolvendo o nosso corpo, tanto física como espiritualmente. Mesmo que as forças do mal planejem destruir-nos, nossa vida estará totalmente coberta. Este será outro sinal mediante o qual todos os que estiveram observando os nossos passos e as nossas atitudes confirmarão que existe uma proteção divina sobre a nossa vida e a vida de nossos familiares.

5. Cura

E, finalmente, o último aspecto da Grande Comissão é a *cura*. O Senhor disse aos seus discípulos: "Imporão as mãos sobre enfermos, e os curarão". Em um mundo onde as enfermidades são uma das maiores causas de preocupação, onde dia após dia aparecem novos vírus incontroláveis e bactérias indestrutíveis que não respeitam idade, sexo nem classe social, a cura divina é um dos sinais por meio do qual as pessoas se aproximam de Cristo e o aceitam como Salvador. Da mesma forma como aconteceu no tempo de Jesus, as multidões continuam buscando um milagre de cura, e você tem a obrigação de apresentar essas pessoas àquele que cura: Jesus Cristo.

Sinais que devem ser identificados

Os sinais devem seguir à Igreja para que o mundo creia na Palavra de Deus. O diabo, nosso inimigo, não cessará de tentar destruir a obra de Deus, mas não devemos temê-lo.

Durante uma campanha realizada na cidade de La Plata, recebemos a seguinte notícia:

> Todos os bruxos e feiticeiros da vizinha cidade de Ensenada pediram ajuda aos seus colegas do Paraguai, e do Brasil para impedir a realização da campanha e destruir aquilo que o Senhor está realizando ou pretende realizar neste lugar.

Confesso que, como ser humano, durante alguns momentos o medo tomou conta do meu coração ao ler aquelas palavras. Porém, imediatamente uma voz do céu sussurrou ao meu ouvido: "Eu dei a você poder para enfrentar toda força do inimigo, e nada impedirá a obra que será realizada aqui". Esta é a crença da Igreja de Jesus Cristo: a garantia de que nada vencerá aquele que estiver fazendo sinceramente a vontade de Jesus.

O momento é chegado, e juntos devemos fazer a obra de Deus, sabendo que os sinais seguirão aos que crerem, para que o mundo que não conhece Jesus Cristo creia nele. Sua Palavra é autoridade hoje e sempre. Ele opera no momento conveniente, conforme sua vontade. E oferece sempre a possibilidade de atuarmos tendo como base a fé. Como nos disse o apóstolo Paulo: "para que sejais cheios de toda a plenitude de Deus" (Ef 3:19*b*). Portanto, há um desafio diante de todo aquele que se resolver a crer, especialmente diante da Igreja, que deve atuar com plena certeza da fé. Não só para expulsar o inimigo, mas também para obter a proteção de Deus.

A hora é chegada

Em 1981 recebi uma mensagem de Deus que dizia: "Logo, logo, logo, grande avivamento acontecerá na Argentina. A Argentina será minha, diz o Senhor".

Hoje, com o passar dos anos, vemos como o Deus todo-poderoso tem movido e continua movendo minha querida pátria em cumprimento dessa profecia. Porém, ainda que não tenhamos visto tudo o que ele tem preparado para este país, sei que a obra que foi iniciada crescerá cada vez mais.

Tenho absoluta certeza, porque recebi isto de Deus, que esse movimento que começou a estremecer a Argentina também chegará a muitos países latino-americanos. Grandes nações estão-se mobilizando para receber um avivamento espiritual. Portanto, não devemos esquecer que a hora de realizarmos a obra de Deus é chegada.

Esta é a mensagem do Senhor para você, irmão, líder, pastor: a hora de pregar o evangelho à toda criatura é chegada! Você é responsável por essa Grande Comissão.

Devemos permanecer firmes e unidos em Cristo, para juntos realizarmos esta grande visão: *O mundo para Cristo*.

Se você, que chegou até esta página, sente o desejo de empregar sua vida na tarefa de levar milhões de pessoas a conhecer a Cristo, coloque suas mãos sobre esta página e repita comigo esta oração:

Pai nosso que estás no céu, eu venho a ti, ó Deus, neste dia, para suplicar-te que a mesma unção e o poder do Espírito Santo que têm movido a tantos homens de fé e que habitou dentro deles e que ungiu a Jesus Cristo com o Espírito Santo, que este poder venha sobre a minha vida neste momento.

Pai, peço-te esta unção e este poder para fazer o bem e para desfazer todas as obras do diabo; para que os enfermos sejam curados, os oprimidos sejam libertos, as correntes de Satanás sejam quebradas e as portas dos cárceres sejam abertas. Pai, eu recebo agora, neste momento, a unção e o poder que vêm de ti!

Senhor, coloco-me em tuas mãos. Usa minha vida, faz de mim um ganhador de almas. Eu me comprometo a realizar tua perfeita vontade em todas as coisas. No nome de Jesus Cristo, amém.

Conclusão

"Escute aqui, Satanás!"

Faço esta oração a Jesus Cristo, o meu Deus, e sugiro que o leitor a leia em voz alta para que o diabo também a escute.

Pai, minha alma te louva, e eu bendigo o teu nome.
Deus Santo, toca as vidas dos que estão lendo este livro.
Pai bondoso, começa agora a romper as cadeias do diabo, quebra as correntes do inimigo, Aleluia.
Jeová dos Exércitos, com a autoridade que tu me tens dado, em teu nome eu amarro e repreendo a todo espírito de enfermidade. Visita os corpos enfermos, muda os corações, continua movendo a tua mão de poder.
Senhor, dá-nos autoridade para desfazer as obras do maligno, as obras do diabo. Diabo imundo, tu és um vencido. Existe um exército que se levanta contra ti, no nome de Jesus de Nazaré!
Deus meu, derrama sabedoria e conhecimento sobre nós, dá-nos unção para podermos realizar a tua obra! Nós te pedimos no nome de Jesus Cristo!

Sopra o teu Espírito Santo e capacita-nos, ó Senhor. Dá-nos amor pelas almas perdidas, pelos que sofrem.

Escute aqui, Satanás! Estou totalmente mobilizado contra ti! Espírito de feitiçaria, espírito de bruxaria, de macumba, de umbanda, de quimbanda, saia agora dessas vidas, saia agora do meio das nações, no nome de Jesus. Espírito de magia negra e de magia branca, saia agora no nome de Jesus. Demônio de magia vermelha, saia agora no nome de Jesus!

Deus, toca as vidas. Quebra as cadeias e corta as ataduras satânicas. Diabo, vai-te embora!

Senhor nosso, move a tua mão de poder sobre nós.

Eu repreendo todo espírito de loucura. Espírito do diabo, vai-te no nome de Jesus!

Eu declaro agora desfeita toda feitiçaria satânica!

Ó Deus, tua Igreja coloca-se de pé. Estamos recebendo agora porção dobrada do teu poder, do poder de Deus. Sopra sobre nós o teu Santo Espírito!

Senhor, somos a tua Igreja, a Igreja vencedora, vitoriosa. Diabo, tu és um vencido.

Escute aqui, Satanás. Se tu pensas que te daremos trégua, estás muito enganado. Nós já te declaramos guerra total a partir do momento em que Jesus conquistou para nós o direito de morarmos nas mansões celestiais. Tu sabes que essas mansões jamais serão habitadas por ti e tuas hostes.

Satanás, tu és e sempre serás um vencido, por toda a eternidade.

Amém e amém, Jesus.

Apêndice A

"Um exemplo a ser seguido e imitado"

Norberto O. Carlini
Pastor do Templo Santuário da Fé
Presidente do Conselho de Pastores de Rosário

Como, na década de sessenta, um dos problemas que a igreja atravessava era o de desunião entre os pastores, convertiam-se muito poucas pessoas, porque não havia experiências que criassem impacto no povo de Deus.

Porém, no final de 1984 foi iniciada uma busca de aproximação entre alguns pastores visando à conquista de uma unidade que pouco a pouco foi crescendo.

Em 1985 convidamos o evangelista Carlos Annacondia para realizar uma campanha evangelística na cidade de Rosário. Dois motivos nos levaram a fazer este convite. Em primeiro lugar, necessitávamos experimentar algo novo a partir daquela união que se iniciara entre os pastores. Em segundo lugar, nós não tínhamos nenhuma dúvida de que Carlos Annacondia era o homem que Deus havia levantado na Argentina para incomodar as hostes infernais e arrancar milhares de almas das garras satânicas. Já havíamos assistido à campanha de San Justo e nos maravilhamos ao ver o poder de Deus cair sobre a multidão.

Até aquele momento, a Igreja de Rosário não havia demonstrado nenhum avanço importante no terreno espiritual. Além do mais, constatava-se que existia no meio do seu povo uma forte oposição ao evangelho e uma grande força do inimigo para impedir a obra do Senhor. Porém, quando a campanha do irmão Carlos Annacondia foi realizada em 1985, muita coisa mudou.

Nos primeiros dias percebemos uma resistência espiritual à mensagem do evangelho. Inclusive, durante os quinze dias em que a campanha foi realizada, houve manifestações demoníacas impressionantes.

Tinha sido montada uma tenda só para atender aos casos de endemoninhamento. Como estes eram muitos, os irmãos que ministravam não puderam atender a tantas pessoas ao mesmo tempo. Na noite de abertura sentimos que "algo havia sido quebrado" no ar, e que "algo havia sido realmente desfeito" no mundo espiritual. A partir dali começamos a descobrir coisas prodigiosas que nunca antes tínhamos visto em nosso meio:

- Por mais forte que fosse, o diabo não podia resistir à autoridade espiritual do servo de Deus cada vez que este o confrontava.
- Uma quantidade cada vez maior de pessoas comparecia aos cultos a cada noite, procurando tanto ouvir a Palavra de Deus como receber ajuda espiritual. As pessoas que não podiam aproximar-se do palanque levantavam as mãos e se entregavam a Jesus no lugar onde estavam, ajoelhando-se e chorando com o coração quebrantado.

Esta glória se repetiu durante quarenta e cinco dias, que foi o tempo que irmão Carlos Annacondia pôde pregar naquela cidade. Ele teve de finalizar aquele trabalho por ter marcado outro compromisso em outra cidade. Se ele tivesse continuado, não posso imaginar o que teria acontecido!

Imediatamente após essa campanha, foram vistos muitos outros frutos. Uma explosão evangelística, resultando no crescimento do número de membros de todas as igrejas de Rosário, foi um desses frutos.

Lembro-me de fatos inesquecíveis. O primeiro deles aconteceu em nossa igreja, o Templo Santuário da Fé. Deixamos o espaço físico do nosso templo para realizar uma campanha ao ar livre, e essa campanha se estendeu por seis meses. E foi tão grande o número das pessoas que aceitaram a Jesus que não pudemos mais regressar para o templo. Tivemos de comprar outro terreno muito maior, e ali construímos o novo Templo Santuário da Fé.

O segundo resultado que eu gostaria de destacar como fruto da do trabalho do irmão Carlos foi a quantidade de campanhas que passaram a ser realizadas pelas demais igrejas evangélicas de Rosário. Lembro-me de que, viajando de nossa igreja até minha casa (um percurso de aproximadamente 22 quilômetros), vi cinco campanhas ao ar livre sendo realizadas ao mesmo tempo. Eram igrejas que, da mesma maneira que nós, se inspiraram no espírito de campanha que o irmão Carlos Annacondia nos havia deixado.

Após essas campanhas, passamos a notar algo muito diferente quando saíamos para realizar visitas aos novos convertidos. Em experiências anteriores, ao visitar essas pessoas, muitas delas diziam: "Na realidade eu aceitei a Jesus sem a mínima intenção de passar a freqüentar uma igreja..."; ou "Eu participei de um culto, e até fui à frente para aceitar Jesus, mas não quero mudar de religião..." Porém, quando dizíamos a esses novos convertidos que nossa igreja tinha sido avivada durante a campanha do irmão Carlos Annacondia, a resposta era: "Glória a Deus!", e imediatamente as pessoas começavam a contar algum testemunho extraordinário, algum milagre recebido. Podíamos comprovar que naquelas pessoas que tinham sido convidadas para se entregarem a Jesus Cristo durante a campanha a conversão era sincera.

Hoje, sabe-se que na maioria das igrejas de Rosário existe uma alta porcentagem de pessoas que se converteram durante a campanha do irmão Carlos Annacondia. Podemos dizer que a história das igrejas evangélicas naquela região pode ser dividida em antes e depois de 1985. Quando a história do movimento evangélico em Rosário for escrita, veremos que essa data marcou de maneira definitiva toda nossa história.

Em 1992 foi realizada a segunda campanha, e a terceira foi realizada ao longo de 1996. Em cada uma delas foi surpreendente o impacto causado nas pessoas e na Igreja. As pessoas se dobravam diante da simples mas ungida mensagem que o irmão Annacondia pregava. Ocorreram milagres extraordinários que confirmaram o poder de Deus, e imediatamente todas as igrejas tornaram-se mais conscientes e incentivadas a dar continuidade ao trabalho realizado pelo ministério do evangelista.

A seguir, enumerarei algumas características de Carlos Annacondia que evidenciam que ele é um digno representante do ministério que desenvolve. A nós, pastores, ele nos cativa e inspira, e é um exemplo a ser seguido e imitado:

- Seu profundo amor pelas almas é demonstrado em suas palavras, no chamado que ele teve para seguir a Cristo, em sua dedicação total às pessoas, na maneira como ele ora por todos os necessitados e na forma como demonstra compaixão, sem importar-se com o tempo nem o cansaço que possa vir a sentir.
- Sua autoridade diante dos demônios ou de qualquer obra satânica, fazendo com que o real poder de Deus liberte as vidas de toda carga e opressão espirituais. É uma autoridade que ele tem obtido ao longo de sua busca permanente do Senhor, em jejum e oração.
- Os milagres extraordinários que o acompanham em seu ministério e que alicerçam a mensagem que ele prega sobre um Cristo que liberta e cura.
- A humildade que se reflete em sua vida ministerial. Ele nunca quis ser uma "estrela". Com simplicidade e muito amor, ele nos ensinou quão simples e poderoso é o evangelho. Isto fez com que ele conquistasse o carinho de todo o povo de Deus. Esse povo o ama por ele ser um homem genuíno e transparente.
- Posso dizer que tenho visto muitos estilos de evangelização, mas nenhum deles tem sido tão eficaz como o que o irmão Carlos Annacondia usa. Creio que não é o método, mas sim a soma de todas as características que enumerei até aqui.

Nossa oração é para que Deus o mantenha íntegro e intacto no Espírito Santo, conforme o vimos atuando em 1985. E que Deus levante outros milhares de Annacondias para que milhões de pessoas em nossas cidades e em outras nações sejam conduzidas aos pés de Jesus Cristo.

Apêndice B

"Compaixão pelas almas atormentadas"

Pastor Alberto Oscar Burkardt

Então Jesus lhe disse: Vai-te, Satanás! Pois está escrito: Ao Senhor teu Deus adorarás, e só a ele servirás (Mt 4:10).

Após meditar nesta passagem bíblica e orar a Deus, relatarei com a ajuda da minha memória e do Espírito Santo tudo o que nos servir como testemunho de gratidão e edificação.

Em janeiro de 1979, durante um encontro de pastores na cidade de Bahía Blanca, o Senhor disse que levantaria um de seus pequeninos com um ministério extraordinário. E ele revelou a seu servo Nilo Ylivainio, da Finlândia, como seria esse ministério. Passado algum tempo, começamos a escutar relatos de milagres prodigiosos que estavam acontecendo no decorrer das campanhas do irmão Carlos Annacondia. Eu conhecera esse irmão em 1984, durante uma convenção da C.E.P. realizada em Embalse, Rio Terceiro, Córdoba.

Em 1985, durante uma campanha que o irmão Carlos realizou em uma cidade de Buenos Aires sob o tema "San Justo, Jesus te ama", fui designado como tesoureiro da campanha e coordenador da tenda de libertação. O que aconteceu comigo durante aquele trabalho foi algo semelhante ao que aconteceu com a rainha de Sabá (1Rs 10:6,7). Meus olhos viram e meus ouvidos ouviram muito mais do que achei que iria acontecer ao ouvir aquela profecia em Bahía Blanca. Naquela oportunidade eu tinha ouvido falar do que Deus faria, mas agora estava vendo o cumprimento daquela profecia. Deus tinha levantado um dos seus pequeninos em um ministério extraordinário.

Depois de San Justo, seguiram outras campanhas em San Martín, Paso del Rey, Moreno, Haedo e La Boca. Continuei como tesoureiro, e junto com o irmão Juan Dicrecencio, coordenador geral, dividimos responsabilidades no trabalho de libertação. Na verdade, juntos vimos muitas vezes a glória de Deus descer sobre nós.

Por minha experiência pude comprovar que, naquele novo despertar para Cristo, o evangelho era o mesmo. Porém, a prática era diferente. Conhecíamos o poder de Deus mediante a Bíblia, mas agora estávamos aplicando esse poder.

A Bíblia diz que Jesus expulsava os demônios e os discípulos também expulsavam. Mas agora éramos nós que os estávamos expulsando, e como conseqüência as pessoas ficavam curadas. Surdos, paralíticos, doentes mentais e pessoas portadoras de diversos outras enfermidades, inclusive câncer, ficavam curadas quando eram libertas do domínio dos demônios que as oprimiam. Para nosso espanto, vimos que também estavam sendo levados para a tenda de libertação muitos crentes, e lá eles apresentavam as mais diversas manifestações demoníacas. Na realidade, eles tinham aceitado Jesus, haviam recebido Jesus como Salvador e Senhor, mas tinham guardado em seus corações raízes de amargura, falta de perdão e outros pecados não confessados e não abandonados.

Espíritos de maldição, de astrologia, de ódio, de rancor, de mentira, de prostituição, de adultério e tantos outros estavam dominando o corpo e a mente de muitos crentes que não tinham entregue totalmente suas vidas e seus corações a Jesus Cristo.

Logo após ficarem livres da opressão do diabo, muitas daquelas pessoas recebiam o batismo no Espírito Santo, e Deus as levantava como gigantes.

Em cada campanha reinava em nossa equipe o amor, o companheirismo, a compaixão pelas almas atormentadas. A cada noite havia vitória sobre as hostes infernais e alegria por constatarmos que o nosso General, que é Jesus Cristo, sempre saía vitorioso em todas as batalhas.

A preparação dos irmãos para trabalhar no ministério de libertação tinha sido realizada diretamente pelo Espírito Santo. O Espírito Santo usava grandiosamente quem se sujeitava e ficava atento à sensibilidade de Deus, e, por meio dessas pessoas, fazia proezas.

Na realidade, o ensinamento que o irmão Carlos Annacondia nos dava era muito simples. Ele dizia sempre que todos nós estávamos investidos da autoridade que Jesus Cristo nos tinha dado para pregar a salvação, a cura, a libertação e a regeneração de toda e qualquer pessoa que chegasse ali necessitada. Ele também ensinava os jovens a exercer a autoridade sobre os demônios e sobre o próprio Satanás.

Lembro em especial da atuação de uma jovem de 21 anos pertencente à nossa equipe. Quando a quantidade de pessoas manifestadas ultrapassava o número de irmãos que estavam ministrando, ela mantinha os demônios amarrados pelo poder do nome de Jesus até que alguém se desocupasse e pudesse iniciar o trabalho de libertação naquela vida presa nas garras de Satanás. Hoje é muito comum ver em igrejas irmãos com autoridade sobre demônios, mas naqueles dias era impressionante observar como estava se cumprindo o que havia sido anunciado em Bahía Blanca. Glória a Deus!

As campanhas continuaram, e houve casos que marcaram profundamente minha vida e meu ministério. Lembro-me da esposa de um pastor que andava muito deprimida, com desejo de morrer. Seu problema era a incapacidade de poder perdoar o seu pai. Sendo pastor, ele havia caído em adultério. Ela recebeu a ministração dos obreiros e, no momento em que perdoou, ficou liberta da influência dos demônios que a atormentavam permanentemente. A alegria voltou à sua vida.

Outra esposa de pastor foi levada para o local de libertação após o irmão Carlos Annacondia ter orado por ela. Aquela mulher tinha problemas com o esposo. Um espírito imundo de homicídio e suicídio a atormentava. Porém, logo após ser liberta, ela perdoou a quem odiava e reconciliou-se com o esposo e com o Senhor Jesus.

Outro caso me impressionou muito e fez com que eu mudasse de opinião sobre se os filhos de Deus estão ou não sujeitos à influência de trabalhos de macumbeiros e feiticeiros. Esse caso envolveu também a esposa de um pastor. A mulher tinha 29 anos de idade.

Desde o dia em que ela se casara, aos 17 anos, adoecera do estômago. Sofreu dessa enfermidade durante 12 anos. Estava muito magra e não podia ter filhos. Na terceira noite da campanha, foram necessários vários irmãos para levá-la até a tenda de libertação, pois os demônios que estavam nela se manifestaram de maneira extremamente violenta. O pastor entrou na tenda, falou-me que ela era sua esposa e que sempre vivera preocupado com sua saúde. Em duas noites seguidas nós oramos por ela e trabalhamos por sua libertação. Na terceira noite, um dos irmãos que estavam lutando para que ela fosse liberta disse-nos que alguém tinha feito "um trabalho" de bruxaria para que aquela irmã ficasse daquele jeito. Outro acrescentou que ela certamente tinha sérios problemas na família.

Parecia contraditório, mas depois entendi o que estava acontecendo. Procuramos conversar com seus parentes. Junto a ela estavam a mãe e uma irmã, crentes há muito tempo. Enquanto a esposa do pastor recebia a ministração, a irmã começou a apresentar também alguns sintomas estranhos. Ela não gostou das perguntas que lhe fizemos, sentiu-se mal e disse que queria ir embora. Porém, terminou confessando que, quando era mais jovem, a sua irmã, que tinha quinze anos, havia começado a namorar um rapaz de quem ela também gostava. Ora, devido ao fato de ela estar muito apaixonada pelo rapaz, procurou uma macumbeira para que esta fizesse um trabalho de morte contra sua irmã.

Ao confessar tudo aquilo, o espírito de violência que se havia manifestado em sua irmã mais nova manifestou-se nela, e ela começou a sentir dores no estômago. Toda a família recebeu a ministração do poder de Deus, porque nós concluímos que todos necessitavam de libertação e cura espiritual. O perdão e o amor de Deus começaram a fluir em todos aqueles corações. E finalmente vimos ali a glória do Senhor.

Um ano depois o pastor, esposo daquela jovem, disse-me que Deus finalmente havia devolvido a ele a mulher da qual ele se havia enamorado: alegre, feliz, espiritual e dinâmica. Glória a Deus por tudo isto!

Durante outra campanha realizada em San Martín, vimos coisas tremendas. Várias meninas apresentaram manifestação demoníaca e foram levadas para a tenda de libertação. Aquela situação era muito estranha para nós. Quando todas estavam juntas e ministrávamos o poder e a libertação de Jesus a todas elas, podíamos controlá-las, mas, quando uma delas se separava do grupo, as manifestações na que havia se separado tornavam-se terríveis e incontroláveis.

Identificamos um espírito sexual dominando aquelas crianças. Na realidade, aquilo nos pareceu algo muito estranho, porque o grupo era composto de meninas de oito a doze anos de idade. A mais velha, de doze anos, estava possuída por um espírito sexual e controlava as outras. Elas praticavam lesbianismo nos banheiros da igreja a que pertenciam. Quando comunicamos este fato ao pastor, ele ficou tão chocado que procurou o irmão Carlos Annacondia para reclamar da comissão de aconselhamento. Acusou-nos de estar vendo demônios em crianças, e isto, segundo ele, não passava de fanatismo. Porém, quando convidamos os pais daquelas meninas para ir buscar suas filhas na tenda (os pais eram crentes), tivemos de lhes ministrar também a libertação de Jesus. Desmascaramos todos aqueles demônios pela autoridade do nome de Jesus, os expulsamos e tivemos uma experiência gloriosa.

Lembro-me também de um testemunho sobre um caso de câncer terminal no fígado, rins e outros órgãos. Era uma senhora extremamente magra e muito pálida. Enquanto nós lhe ministrávamos a libertação de Jesus, ela pediu para ir ao banheiro. Ao regressar para a tenda, vomitou pedaços de fígado e rins. Em seguida, começou a sentir-se muito melhor e foi para casa. No outro dia nós não a reconhecemos. Ela estava muito bem, caminhava, era uma pessoa sadia, para a glória de Deus.

Outro caso assombroso foi o de uma mulher que chegou para assistir ao culto e, quando o irmão Carlos Annacondia orou, ela se manifestou. No local de libertação, fui encarregado de ministrar-lhe. Levei mais de três horas para conseguir libertá-la das garras de Satanás, utilizando o poder do Espírito Santo. Aquela mulher nos contou que havia praticado curandeirismo com um sócio, porém, ao se casar, abandonou a sociedade e o ocultismo. Mas o sócio, que estava enamorado dela, fez um trabalho para que ela deixasse o esposo e voltasse a viver com ele. Naquela noite nós, pela autoridade do nome de Jesus, ordenamos que o espírito de pomba-gira e de adultério que estava naquela mulher, tanto o que estava nela como o que estava no sócio, fossem embora, e declaramos que todo o trabalho de bruxaria que havia sido feito sobre uma caveira estava sendo desfeito naquele momento. Aquela mulher ficou livre. Seu aspecto mudou totalmente. No dia seguinte, nós mal pudemos reconhecê-la. Estava totalmente transformada.

Outro fato impressionante aconteceu com outra mulher que pediu para ser atendida no local de libertação. Ela disse que era profetisa de vodu. Durante quatro noites relatou como tinha sido transformada em uma profetisa, como agia, como tinha levado muitas pessoas à morte. O curioso é que em sua opinião aquelas práticas eram boas. Durante as quatros noites em que lhe ministramos, falamos a ela da Palavra de Deus, e finalmente ela aceitou a Jesus Cristo e renunciou a todas as práticas malignas. Porém, no momento em que declarou que realmente renunciava a todas aquelas práticas, o demônio se manifestou nela para tentar contrariar sua decisão. Mas, na autoridade do nome de Jesus, ordenei que ele saísse dali imediatamente. Aquela mulher ficou totalmente liberta.

Recordo-me também de outra situação impressionante. Foi em uma campanha na cidade de La Boca. Eu não estava dentro da tenda de libertação e foram me buscar para dizer que havia alguém profetizando dentro da tenda. Imediatamente senti uma rejeição a essa informação e, quando entrei na tenda, encontrei uns 25 irmãos esperando para ser ungidos por uma "profetisa", que dizia: "Diz o senhor: serva minha, unge a estes meus servos". Ao ouvi-la, perguntei com insistência: "Que senhor? Que senhor?". E ela me respondeu: "Ai dos que resistem ao espírito!". Isto levou as pessoas a pensar que eu estava resistindo ao Espírito Santo. Porém, quando o irmão Carlos Annacondia chegou e se aproximou dela, ela começou a amaldiçoá-lo e a dizer que mataria os seus filhos. Ao repreender o demônio que estava naquela mulher, ela caiu no chão de maneira impressionante. Também era profetisa de vodu. Naquela noite ela aceitou a Cristo como Salvador. Após aquela experiência, eu dei glória a Deus pelos seus dons. Agradeci-lhe especialmente pelo dom de discernimento.

Certa noite, durante uma campanha realizada em La Boca, nós nos preparamos para atacar em oração e no nome de Jesus aos espíritos que levavam as pessoas à prática do controle mental. Conseqüentemente, uma quantidade impressionante de pessoas renunciou a essas práticas e aceitou Jesus Cristo como Salvador, desfazendo-se, inclusive, de seus amuletos. Naquela noite enchemos uma caixa com os mais diferentes objetos. A partir daquela experiência, a cada noite apresentávamos ao Senhor nossos pedidos por diferentes necessidades. E cada dia víamos a glória de Deus confirmando nossos pedidos com prodígios e maravilhas.

No início, houve denominações que aceitaram o ministério do irmão Carlos Annacondia e outras que não o aceitaram. Mas, com o passar do tempo, a grande maioria (posso dizer que todas) o reconheceram e o aceitaram. Na atualidade, todas exercem um ministério de libertação com eficiência em suas congregações e até seus líderes incentivam suas igrejas a exercitar o ministério de libertação.

Por tudo isso, dou graças a Deus. Em primeiro lugar, pela vida do irmão Carlos Annacondia, por Deus ter-lhe dado um ministério tão extraordinário. Em segundo lugar, por sua família e em especial por Maria, sua esposa. Toda honra e toda glória sejam dadas ao Senhor Jesus Cristo!

Sobre o autor

Carlos Annacondia é natural de Quilmes, província de Buenos Aires, Argentina.

Em 1970 casou-se com Maria Rebagliatti, com quem teve nove filhos.

Conheceu ao Senhor durante uma campanha evangelística em 1979. Em 1982 iniciou seus trabalhos evangelísticos, e em 1984 fundou o ministério "Mensagem de Salvação". Desde então começou a realizar campanhas na Argentina, na América Latina e em vários países ao redor do mundo. Calcula-se que em suas campanhas algo em torno de dois milhões de pessoas já aceitaram a Cristo como Salvador.

Associação Evangelística Mensagem de Salvação
Evangelista Carlos Annacondia
Urquiza 1547
Quilmes (1879)
Província de Buenos Aires, Argentina
E-mail: annacondia@sion.com